빛깔있는 책들 ●●●
255

한국의 가사 袈裟

글 | 김경숙, 안명숙 · 사진 | 김성철

대원사

● ● ● **저자소개**

| 글 |

김경숙

현재 오산대학 강사, 대한불교조계종 의제실무연구회 연구원, 대한불교조계종 송광사 성보박물관 객원연구원, 도의국사영정제작추진위원회 위원으로 있다. 동국대학교를 졸업하였으며 동 대학원에서 「아시아지역 현행 가사 양태 연구」로 박사학위를 취득하였다. 주요 논문으로는 「불교사상을 중심으로 살펴본 가사」, 「아시아 지역의 가사 착용 현황에 관한 연구」, 「아시아 지역 현행 가사의 구조와 봉제 연구」, 「대만·한국·일본의 현재 가사의 특징에 관한 연구」 등 다수가 있다.

안명숙

현재 광주대학교 의상디자인학과 교수로 재직중이다. 동국대학교를 졸업하였으며 동 대학원에서 「가사의 연의에 관한 연구」로 박사학위를 취득하였다. 주요 논문으로는 「통도사·송광사 조사도 복식에 관한 연구」, 「율장에 나타난 법복과 우리나라 법복의 비교복식에 관한 연구」, 「여법의에 관한 연구 1, 2」 등이 있으며, 주요 저서로 『한국복식사』, 『천연염색』, 『전통매듭』, 『전통복식공예』 등 다수가 있다.

| 사진 |

김성철

서울예술대학과 광주대학에서 사진을 전공하고 동국대학교 문화예술대학원에서 문화재를 공부하였다. 『답사여행의 길잡이』 15권을 비롯하여 여러 책에서 전통 문화와 관련된 사진 작업을 하였으며, 현재는 문화재 사진 전문 사이트인 koreainkorea.com과 koreainphoto.com을 운영하고 있다.

* 가사에 나타난 불교 사상을 가르쳐 주신 이원경 스님과 박혜경 큰스님, 사진 촬영을 허락해 주신 여러 스님들, 자료를 제공해 주신 각 종단의 관계자 여러분들께 감사드립니다. 그리고 조계종 가사의 입는 법과 벗는 법은 송광사 율원의 큰 도움을 받았으며, 태고종 가사의 봉제 내용 가운데 일부는 한미혜 씨의 석사학위논문 「한국 승려 가사에 대한 고찰」에서 인용한 것임을 밝힙니다. 또한 가사 불사에 대한 자료를 제공해 주신 조계사와 사진 게재를 허락해 주신 여러분에게도 감사를 표합니다.

빛깔있는 책들 103-48

한국의 가사 袈裟

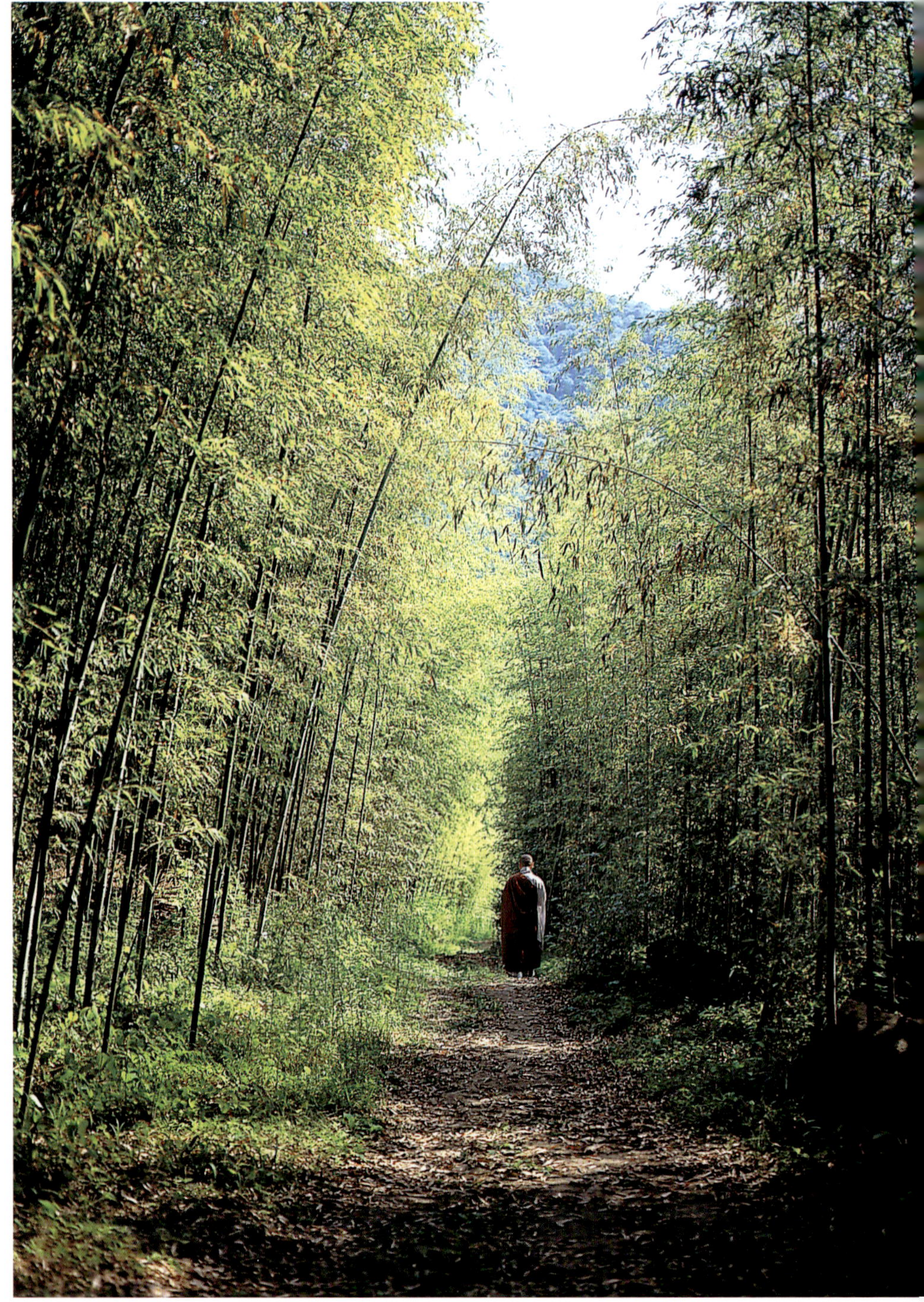

빛깔있는 책들 103-48

한국의 가사 袈裟

가사의 발생과 전래

가사(袈裟)는 불교 출가인의 의복을 말한다. 현재 우리나라에서 통용되는 가사는 불교의 사상적인 발전과 한대 지방이라는 특성 때문에 그 원형에서 벗어나 의복 위에 입는 것이 되었으나 발상지 인도에서는 가사 그 자체가 의복이다.

불교 발생 당시의 인도 사회에는 62견(見) 또는 363의 논가(論家)가 기록되어 있을 정도로 다양한 사상과 학설이 있었다. 그 가운데 가장 세력이 큰 유파를 육사외도(六師外道)라 하였다. 이들은 각기 주장하는 바에 다른 점이 많았던 만큼 다양한 생활 방식을 갖고 있었을 것이다. 이렇게 무수한 사상가 중에서 붓다의 가르침을 믿고 따르는 사람들은 다른 그룹과 불교 교단을 구별하기 위한 하나의 수단으로써 제복(制服)이 필요하였을 것이며, 제복으로 붓다의 가르침을 나타냈을 것이다.

붓다의 가르침은 매우 방대하여 한마디로 말하기는 어렵지만 괴로움(苦)에서 해방되는 길을 가르치고 있다고 하겠다. 불교 교의의 핵심은 사성제(四聖諦, 苦·集·滅·道)로 붓다가 깨달음을 얻은 다음 녹야원에서 행한 설법의 내용이다. 붓다는 그 제자들의 일상 생활이 모든 고(苦)에서 해방되어 안락한 경지인 열반(涅槃)에 도달하는 것을 이상으로 삼아 의·식·주 전반에 걸쳐 고(苦)에서

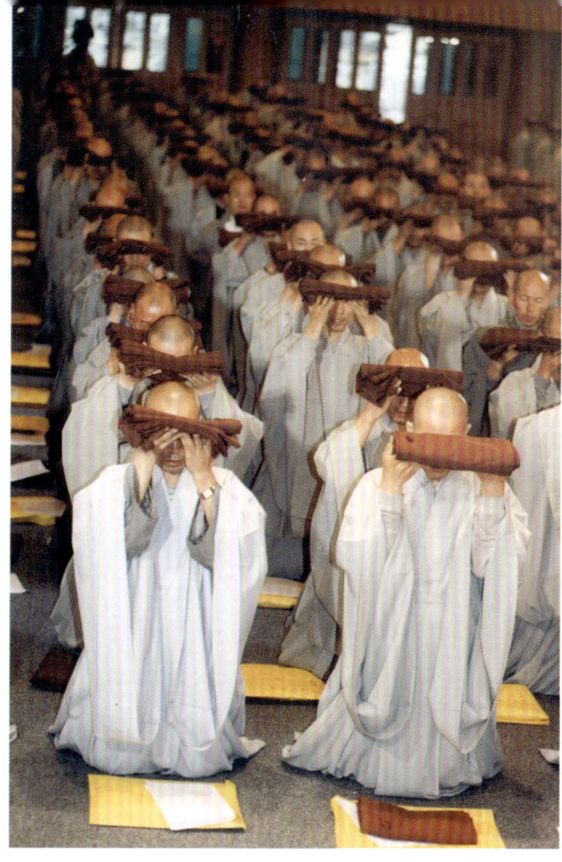

가사를 정대하는 스님들
붓다는 그 제자들에게 의식
주 전반에 걸쳐 고에서 멀
어져 가는 중도적 수행의
길을 택하라고 설하셨다.
이러한 의미에서 의복도 역
시 깨달음의 수행에 알맞게
제작되었던 것 같고 이것이
제도화된 것이 가사이다.

멀어져 가는 중도적 수행의 길을 택하라고 설하였다. 이것이 사성제 중 멸제(滅諦)이며 도제(道諦)인데 인간은 누구나 괴로움으로부터 벗어나 완전한 행복(nirvana, 열반)의 상태에 도달할 수 있으며, 실제로 열반을 얻는 방법을 실천하는 것이 바로 최상의 과제였던 것이다. 이러한 의미에서 의복도 역시 깨달음의 수행에 알맞게 제작되었던 것 같고 이것이 제도화된 것이 가사이다.

가사(袈裟)란 원래 의복을 의미하는 것이 아니라 제복의 색깔을 의미하는 것이다. 가사는 산스크리트어(梵語, 범어)로 가사야(袈裟野) 또는 가라사예(迦邏沙曳, Kasa-ya)라 하며 팔리이름(巴梨名)은 Kasava, 티베트이름(西藏名)으로는

Snigs-nia이라 부르는데, 그 뜻은 '선명하지 않다, 곱지 않다(濁)'의 뜻으로 괴색(壞色), 부정색(不正色), 적색(赤色), 염색(染色) 등으로 번역된다. 범어의 카사야(Kasaya)를 중국에서 가사(袈裟)라 음역(音譯)하였고, 우리나라에서도 가사(袈裟)라 부르고 있다. 당시 인도에서 입은 것은 장방형의 천(方布)으로 지금의 남방불교 스님들이 입고 있는 가사가 그것이다. 그러므로 색깔이라는 의미에서의 가사는 다른 종교 그룹과 구별되는 수단이었을 뿐만 아니라 괴색(壞色)으로 염색한 이유도 고라는 것 즉 괴로움의 원인은 열두 가지 상호의존적인 단계(12연기)로 인해 일어나는데 식별하고 집착하는 괴로움에서 벗어나기 위한 수단이라고 볼 수 있다.

그런데 대승불교를 받아들인 중국에서는 인도에서의 의복이 곧 가사라는 개념에서 벗어나 의복 위에 걸치는 출가인의 의식복(儀式服)으로 생각하여 그대로 소리나는 대로 가사라고 하였다. 이것은 불교가 시대적 상황에 따라 그 시대 대중들의 수준과 현실에 맞게 가르침의 방편이 적응되는 특성(普應性)을 나타낸 것이다. 즉 이것은 가사도 다른 물질적 요소와 마찬가지로(보시물) 상징 체계의 일부로써 하나의 사회적인 의미를 형성하였다고 할 수 있다.

이러한 맥락에서 대승불교권인 한국의 가사는 불교사상의 변천에 따라 중생구제의 방편으로 가사의 원형에서 발전된 모습으로 재해석되었다고 생각할 수 있다.

따라서 한국의 가사에 대하여 과거와 현재를 살펴보는 것은 한국 불교의 이해를 도와 줄 뿐만 아니라 우리 복식과 문화를 새롭게 조명해 보는 일로 매우 중요한 것이다.

가사의 공덕

근본불교시대의 가사는 본래적 의미인 호사를 위해 옷을 입는 속인의 허례 허식이나 벌거벗고도 부끄럼이 없는 외도의 양극을 지양하고 신체 보호의 기본 조건으로서의 수행인으로 하여금 중도를 따르게 하려는 데 있었다. 가사의 공덕을 설한 『십주비바사론(十住毘婆沙論)』 권16에 가사를 입어서 얻는 열 가지 이익을 들고 있다.

첫째는 몸을 가려 부끄러움을 여의는 까닭이고, 둘째는 추위·더위·모기·독충을 막는 까닭이요, 셋째는 사문으로서의 거동과 법을 표시하려는 까닭이요, 넷째는 모든 하늘과 사람들이 법의를 보고서 공경하고 존중함이 마치 탑과 절 같게 하려는 까닭이요, 다섯째는 싫증내며 여의는 마음으로써 물들인 것을 입고 좋은 것을 탐내지 않으려는 까닭이요, 여섯째는 적멸을 따름으로써 번뇌가 훨훨 타지 않으려는 까닭이요, 일곱째는 법의를 입고서 나쁜 짓이 있으면 보기 쉽게 하려는 까닭이요, 여덟째는 법의를 입고서 다시는 다른 물건으로 장엄하지 않으려는 까닭이요, 아홉째는 법의를 입고서 여덟 가지 거룩한 길을 따르며 닦으려는 까닭이요, 열째는 수행에 힘써 나아가 도를 닦으며 더럽혀진 마음으로 잠깐 동안이라도 빛깔을 무너뜨린 옷을 입지 않는다고 하였다.

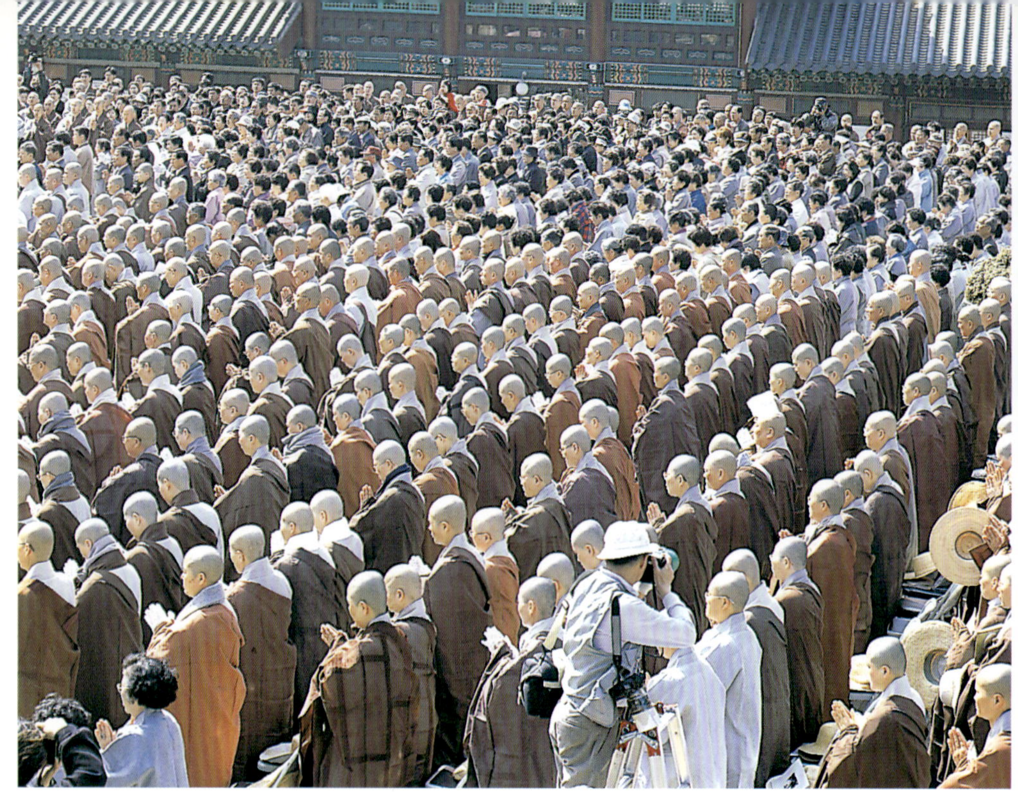

서암 스님 다비식에 운집한 스님들 가사는 중생을 이롭게 하는 법복이니 이를 시주하여 조성하면 천 가지 재앙이 눈 녹듯 녹아지게 하고 만 가지 복이 구름처럼 일어나며, 몸에 입거나 걸어 모시는 자에게는 사신이 침범하지 못하고 항상 입는 자는 성현이 옹호한다고 한다.

또한 대승적 의미로 가사 공덕을 설한 『석씨요람(釋氏要覽)』의 가사 오종 공덕은 다음과 같다.

첫째, 무거운 사견(邪見)을 범한 사람이라도 정성으로 가사를 존중하면 삼승(三乘)에서 수기(授記)를 받고 둘째, 천(天)·용(龍)·인(人)·귀(鬼)가 가사를 공경하면 삼승의 불퇴전(不退轉)을 얻고 셋째, 귀신과 인간이 약간의 가사라도 얻으면 음식이 풍족하고 넷째, 가사 힘을 일념으로 생각하면

비심(悲心)이 일어나고 다섯째, 만약 싸움터에 있어도 가사를 얻어 가지면 목숨을 잃지 않게 하리라고 한다.

가사를 조성한 공덕에 의해 받는 과보로 말하면 『대장경수자함(大藏經隨字函)』 16권 8장에 "상품 가사를 조성하면 혹 인간의 몸을 받되(受生) 국왕의 위치에 오르게 되고, 하품 가사를 조성하면 혹 인간으로 태어나되 여러 사람이 우러러보는 정승이 된다. 또 가사는 붓다가 중생을 교화하고 이롭게 하는 엄숙한 차림새이며 보살이 수행을 위하여 하는 많은 행동을 나타내는 법복이다. 가사를 시주하여 조성하면 천 가지 재앙이 눈 녹듯 녹아지게 하고 만 가지 복이 구름처럼 일어나며, 몸에 입거나 걸어 모시는 자에게는 사신(邪神)이 침범하지 못하고 항상 입는 자는 성현이 옹호한다. 만약 7조 가사를 조성하면 7백, 7천겁의 죄를 소멸하고 인간과 천상, 욕계(欲界) 색계(色界) 무색계(無色界) 어디든지 자유자재로 왕생하며 지혜와 복과 덕을 충분히 갖추게 된다. 또 9조 가사를 조성하면 9백, 9천겁의 죄를 소멸한다. 사후에는 정토에 태어나는 자의 성격이나 행위의 차이에 따라 정토에 태어나서 받는 과보에도 아홉 가지의 종류가 있는데 그 중 연화의 대좌에 나게 된다"고 하였다.

그리고 가사를 공양하는 사람은 생전(生前)에 지은 1천 가지의 나쁜 장애(障碍)가 없어지고, 1백 가지 복이 구름처럼 일어나는데, 가사 폭(幅)의 구멍 중에 모든 부처님과 모든 보살(菩薩) 그리고 일체 신장(神將)님이 갖추어 있기 때문이다.

가사의 종류와 명칭

용도에 의한 분류

가사의 종류에는 율장에 의하면 용도에 따라 삼의(三衣)가 있는데, 삼의에는 안타회(antarvāsa), 울다라승(uttarāsaṅga), 승가리(saṃghāṭi)가 있다.

안타회(安陀會)　사원 내에서 착용하는 일상복으로, 일을 하거나 잠잘 때에 입는 옷이다.

울다라승(鬱多羅僧)　울다라승은 대중과 함께 수행할 때 입는다는 뜻의 입중의(入衆衣)이다. 스님들의 예복(禮服)으로 예불(禮佛)·송경(誦經) 등 모든 의식(儀式)에 참여할 때 입는 옷이다.

승가리(僧伽梨)　승가리라는 말은 법문으로 대중을 설법한다는 뜻이다. 이 이름대로 위의(威儀)를 재정하고 법좌에 올라가 설법할 때 입는 의복이다. 그리고 마을에 나아가 걸식(乞食)을 할 때나, 왕궁을 출입할 때에 입는 의복이 승가리이다.

공덕에 의한 분류

여법의(如法衣) 붓다의 율문(律文)에 따라서 만든 의복이라는 의미이다.

법복(法服)·법의(法衣)·불의(佛衣) 불법을 구하는 사람이 입는 옷이라는 뜻이다.

해탈복(解脫服) 해탈을 구하는 사람이 입는 옷이라는 뜻이다.

무구의(無垢衣) 번뇌가 있는 사람이 입는 옷으로 가사를 착용하면 번뇌를 없애는 것이 가능하다는 의미이다.

길상복(吉祥服) 이 세상 가운데서 가장 훌륭한 것은 불법으로, 최고의 의복이라는 뜻이다.

복전의(福田衣) 조와 제에 의해서 전상(田相)의 형태를 나타내어 보시(布施)와 공덕(功德)을 연결시킨다는 의미이다. 유루(有漏)의 복을 심어 무루(無漏)의 복을 얻게 한다는 뜻이다.

소재에 의한 분류

분소의(糞掃衣) 더럽고 버려진 옷감으로 만든 옷이라는 뜻이다.

금란(金襴)가사 비단 바탕에 금색 실로 모양을 짜넣은 직물이거나 화려한 가사를 말한다.

수(繡)가사 가사에 직접 수를 놓은 가사를 지칭한다.

색에 의한 분류

괴색의(壞色衣) 괴색으로 염색한 가사이다. 즉 원색을 피하여 어둡고 퇴색되게 염색한 가사를 말한다.

적혈색의(赤血色衣) 인욕의(忍辱衣)라고도 하며 붓다의 과거세 전생담과 관련이 있다. 붓다께서 전생에 인욕선인(忍辱仙人)으로 계실 때 바라나국(波羅奈國)의 왕 가리(迦利)에 의해 수족이 잘리우는 등 시험을 당하였으나 참고 또 참는 인욕행을 계속하였다. 이에 대범천왕(大梵天王) 등이 내려와 공경하고 치료해 드렸다고 한다. 이처럼 불제자(佛弟子)는 모름지기 이를 본받아야 할 것을 천명하는 뜻에서 붙여진 법의(法衣)의 별명이라 한다. 이러한 연유로 가사의 색이 피의 색인 홍색으로 조성되기도 하였으며, 지금의 태고종과 천태종 가사가 이에 해당한다.

출수납(出水衲)가사 출수란 홍색(紅色)을 뜻하므로 출수납 가사는 홍색인 납의(衲衣)이다.

마납(磨衲)가사 마납은 자마(紫磨)로 자금(紫金)을 뜻한다. 그래서 보랏빛을 띤 황금색의 납의를 뜻한다.

구성에 의한 분류

방복(方服) 가사의 모양이 사방으로 모가 나서 생긴 이름이기도 하며 법이 바르다는 뜻을 나타낸다.

할절의(割截衣) 천을 길고 짧게 나누어서 바느질하여 만드는 가사를 말하는

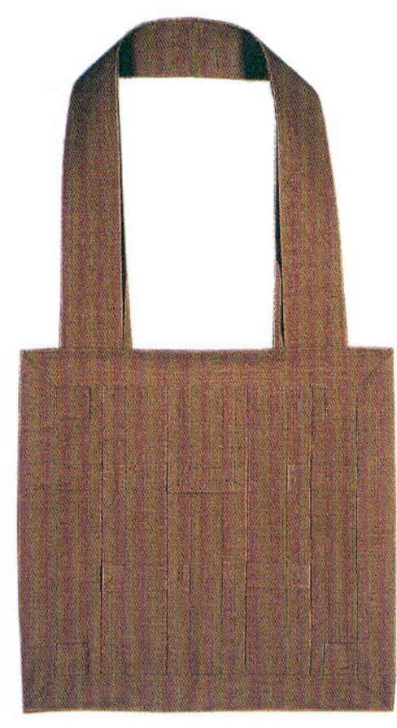

가사의 종류 가사는 구성에 의해 구별된다. 우리나라의 가사는 5조부터 25조까지 홀수만을 선택하여 만든다. 동양 사상으로 볼 때 홀수는 좋은 수이며 유일무이의 불법을 나타내기 때문이다. 맨 위는 5조 가사, 가운데는 9조 가사, 아래는 15조 가사이다.

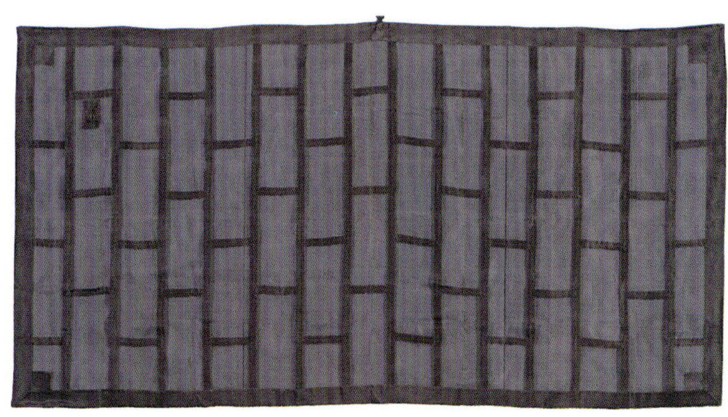

데, 인간의 모든 사혹(思惑)을 금지하는 옷이라는 것이다.

전상의(田相衣) 가사의 형태가 밭의 모양과 같다고 해서 생긴 명칭이다.

납의(衲衣) 기워서 만든 가사를 의미하며, 가사의 조는 세로로 이어 붙이는 것을 말하기 때문에 납의(衲衣)라고도 한다. 또 오납의(五衲衣)·백납의(百衲衣) 등은 오색(五色) 혹은 여러 색이 섞인 천을 얽매어서 만든 옷이란 뜻이다.

첩상(貼相) 가사 부착물이 있는 가사이다.

○조(條)·○○조(條) 가사 조가 몇 개 있는가에 따라 가사의 명칭이 다르다. 대부분 한국의 가사는 5조, 7조, 9조, 11조, 13조, 15조, 17조, 19조, 21조, 23조, 25조 가사로 되어 있다. 즉 우리나라의 가사는 5~25조까지 홀수만을 선택하여 만든다. 동양 사상으로 볼 때 홀수는 좋은 수이며 유일무이(唯一無二)의 불법을 나타내기 때문이다. 5조(五條, 1長 1短)의 용도는 안타회에 속하고, 7조(七條, 2長 1短)는 울다라승이고, 9조(九條)·11조(十一條)·13조(十三條)는 모두 이장 일단(2長 1短), 15조(十五條)·17조(十七條)·19조(十九條)는 모두 삼장 일단(3長 1短), 21조(二十一條)·23조(二十三條)·25조(二十五條)는 모두 사장 일단(4長 1短)이다. 이들을 대의(大衣)라고 하며 승가리에 해당한다.

구품(九品)가사 대의는 하품·중품·상품이 있고 다시 각각을 상(上)·중(中)·하(下)로 나눈다. 하하품(下下品)은 9조, 하중품(下中品)은 11조, 하상품(下上品)은 13조, 중하품(中下品)은 15조, 중중품(中中品)은 17조, 중상품(中上品)은 19조, 상하품(上下品)은 21조, 상중품(上中品)은 23조, 상상품(上上品)은 25조이다. 즉 구품으로 나누어지는 대의를 구품가사라고 한다.

낙자(絡子) 위쪽에 띠를 달아 목에다 걸고(掛) 두 어깨를 통하여(絡), 가슴 앞에 걸치는 것이므로 이름을 괘락(掛絡) 또는 괘자(掛子)라고도 하며 목에 걸어서 입는 약식(略式) 가사이다.

조	장	단	격	구품	가사 명칭
5	1	1	10	없음	5조(안타회)
7	2	1	21	없음	7조(울다라승)
9	2	1	27	하하품	
11	2	1	33	하중품	
13	2	1	39	하상품	
15	3	1	60	중하품	9조, 11조, 13조, 15조,
17	3	1	68	중중품	17조, 19조, 21조,
19	3	1	76	중상품	23조, 25조(대의, 승가리)
21	4	1	105	상하품	
23	4	1	115	상중품	
25	4	1	125	상상품	

통가사　만의(縵衣)라고도 하며 출가한 예비 승려인 사미(沙彌)가 구족계를 받기 이전에 입는 법복으로 조와 단이 없다.

가사 각 부분의 명칭

조(條) · 제(堤) · 단격(壇隔)　조는 세로로 이어 붙인 천을 말하며 규격을 상징한다. 제는 가로의 선을 이야기한다. 하나의 조에는 긴 부분의 장(長)과 짧은 부분의 단(短)이 있고 이것을 단격(壇隔)이라고 한다.

5조는 1장 1단으로 모두 10격을 나타내고, 7조는 2장 1단으로 모두 21격, 9조는 2장 1단으로 모두 27격, 11조는 2장 1단으로 모두 33격이고, 13조는 2장 1단으로 39격이다. 15조부터 19조까지는 3장 1단으로 15조는 60격이며, 17조는 68격이고, 19조는 76격이다. 21조부터 25조까지는 4장 1단으로 21조는 105격이고, 23조는 115격이고, 25조는 모두 125격이다.

그림 1. 가사 각 부분의 명칭(조계종 5조 가사)

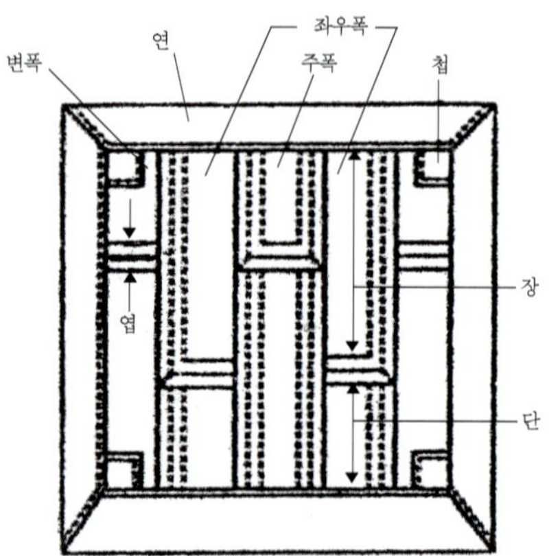

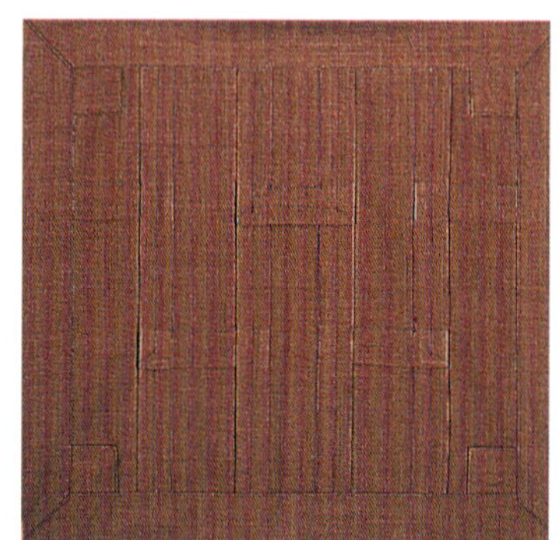

주폭(主幅) 　주복(主福) 또는 중조(中條)라고도 하는데 가사 조수(條數)의 중앙에 있는 조이다. 주폭은 율장에서 나오는 용어이며, 주복은 양공스님들이 쓰는 명칭으로 복전의에서 나온 말이라 생각된다. 주폭은 위에 단(短) 하나를 두고 아래로 조수에 따라 장(長)의 개수가 정해지며 좌우 대칭으로 장과 단을 붙여 나간다.

좌우폭(左右幅) 　좌우복(左右福), 측조(側條)라고도 하며 주폭과 변폭의 사이에 있는 조이다. 가사를 바라봤을 때 좌폭(左幅)은 주폭에서 왼쪽의 조를 의미하며 우폭(右幅)은 주폭에서 오른쪽의 조를 의미한다.

변폭(邊幅)　외조(外條)라고도 하며 가사의 가장자리에 있는 조를 말한다.

상단(上短)·상장(上長)　상단(上短)이란 조의 제일 윗부분이 단으로 되었을 때이다. 그리고 상장(上長)이란 조의 제일 윗부분이 장으로 되었을 때이다. 상단과 하장 또는 상장과 하단 사이 각각의 장을 샛장이라고 한다.

엽(葉)　엽은 조와 조 사이, 제와 제 사이에 있는 부분을 말한다. 장엽(長葉)은 세로의 엽을 말하며 단엽(短葉)은 가로의 엽을 말한다.

연(緣)　난(欄)이라고도 하며 맨 바깥에 테두리에 천을 붙인 것으로 가사의 튼튼함과 마무리 모양새를 고려한 것이다. 맨 윗부분을 상연(上緣), 좌우 세로는 입연(立緣), 아래는 하연(下緣)이라 한다.

첩(貼)　첩은 사천왕이라고도 하며 가사의 사방 모서리에 붙이는 사각의 덧댄 천을 이르는 말이다. 새것만을 욕심내지 말라는 의미로 첩을 붙이기 시작했다고는 하나 언제부터인가 가사를 착용한 스님을 사방의 천왕이 보호해 준다는 의미로 붙인다. 그리고 첩에 天(천)과 王(왕)을 새겨 넣기도 하는데, 기원은 중국 당나라 때 스님인 혜능(慧能, 638~713년)의 장례에 사천왕이 혜능 스님께서 입으셨던 가사를 사방에서 받들었다는 속설에 의한 것이다.

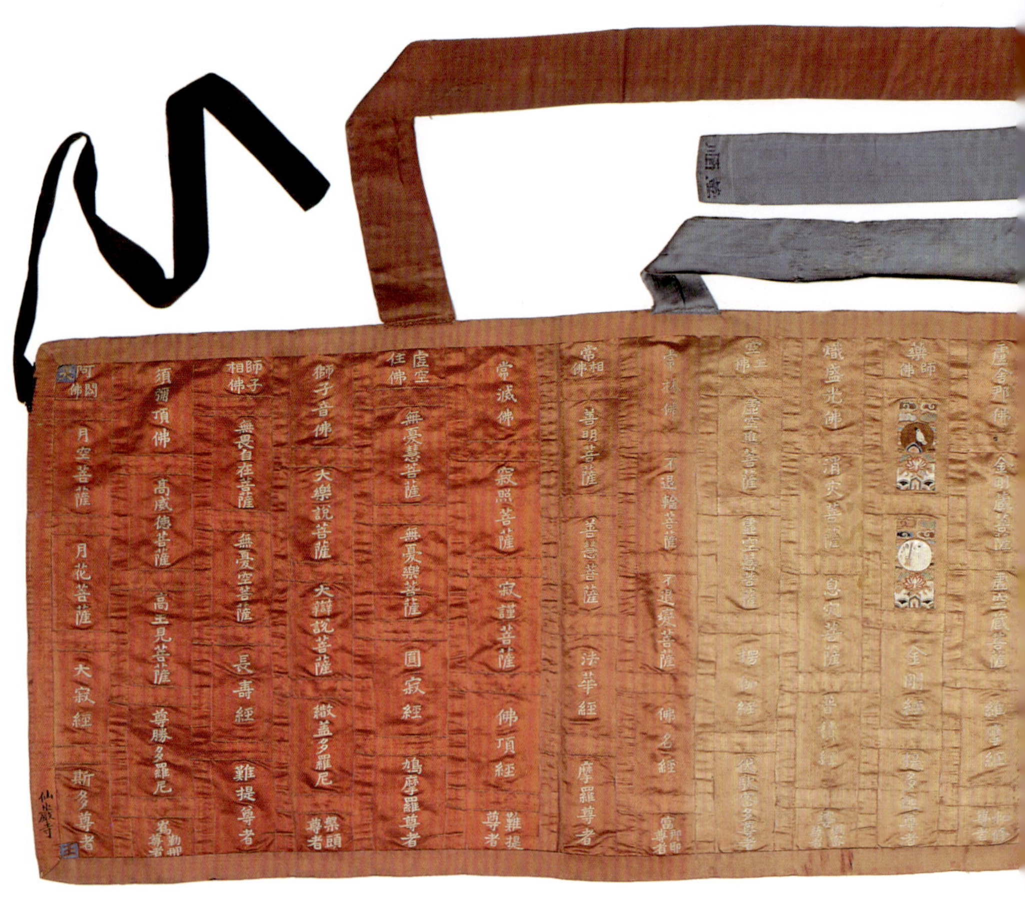

盧舍那佛　金剛藏王菩薩　盧舍那藏菩薩　經　尊者
藥師佛　金剛經　多羅尊者
熾盛光佛　消災菩薩　息災菩薩　楞伽經　伏馱蜜多尊者
虛空佛　虛空藏菩薩　虛空慧菩薩　佛名經　尊者
常住佛　不退輪菩薩　不退度菩薩　尊者
常相佛　善明菩薩　善慧菩薩　法華經　摩羅尊者
常滅佛　寂照菩薩　寂謹菩薩　佛頂經　難提尊者
虛空住佛　無盡慧菩薩　無盡樂菩薩　圓寂經　鳩摩羅尊者
獅子音佛　大樂說菩薩　大辯說菩薩　撒蓋多羅尼　繫頭尊者
師子相佛　無畏自在菩薩　無畏空菩薩　長壽經　難提尊者
須彌頂佛　高威德菩薩　高王見菩薩　尊勝多羅尼　勤那尊者
阿閦佛　月空菩薩　月花菩薩　大寂經　斯多尊者
仙花嚴寺

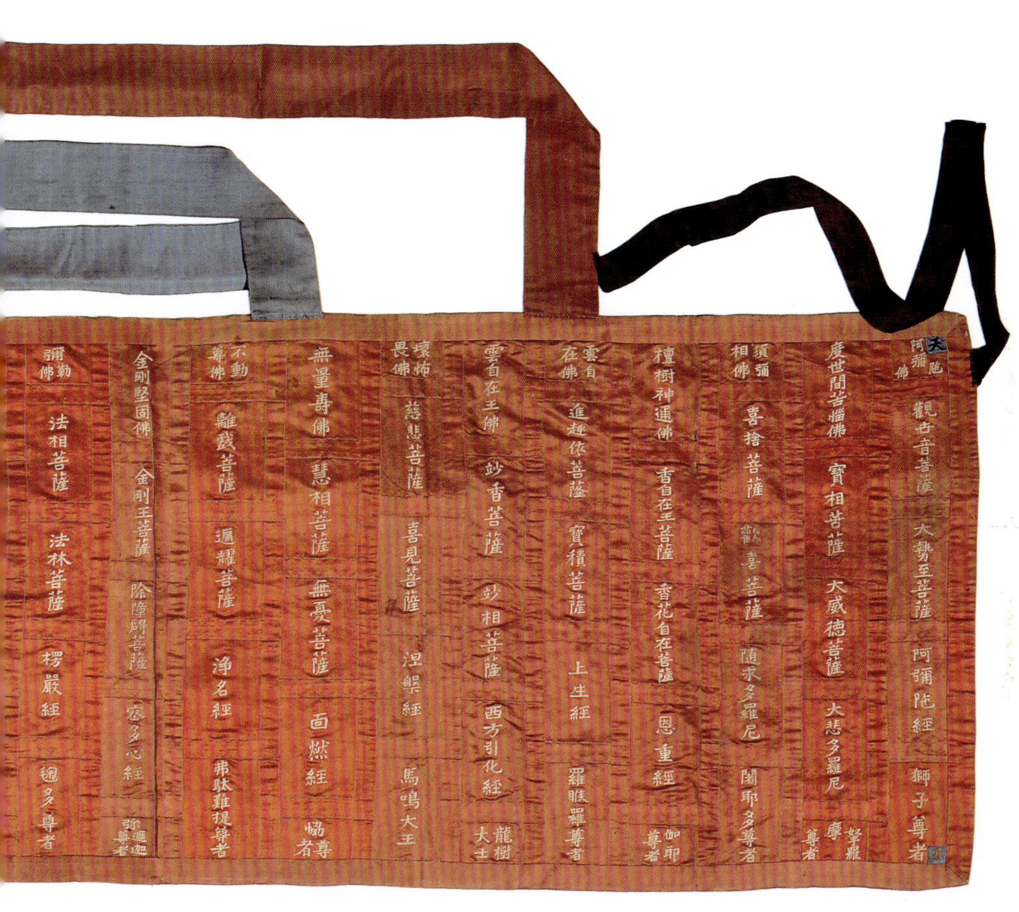

대각 국사 가사(선암사 소장)

한국 가사 성립의 이론적 배경

가사에 나타난 불교 사상

가사의 종류와 입는 법에 나타난 사상

가사를 입는 이유를 종류별로 보면 『관중창립계단도경(關中創立戒壇圖經)』에 "안타회인 5조 하의(下衣)는 탐욕스러움을 다스리기 위해서, 울다라승인 7조 중의(中衣)는 화가 나서 하는 말을 조심하기 위해서, 승가리인 대의(大衣) 상의(上衣)는 어리석은 마음을 끊기 위해서 착용한다"고 하였다. 정리하면 가사를 입는 것은 불도를 수행하는 데 가장 큰 장애가 되는 삼독(三毒, 貪·瞋·癡)을 벗어나기 위함이다.

승가리 또는 울다라승의 입는 법은 자세히 말하자면 여러 가지가 있으나, 크게 편단우견(偏袒右肩)과 통견(通肩) 두 가지로 나뉠 수 있다. 편단우견은 왼쪽 어깨에 걸치고 오른쪽 어깨를 드러내는 것으로, 붓다와 보살 그리고 윗사람에 대한 공경의 뜻을 표시하거나 공양을 할 때에 취하는 입는 법이다. 그런데 편단우견은 반드시 불교에서만 볼 수 있는 착의 방식은 아니다. 편단우견은 고대 로마의 토가와 가톨릭의 신부 복장에서도 볼 수 있다. 이것은 기본적으로 오른손이

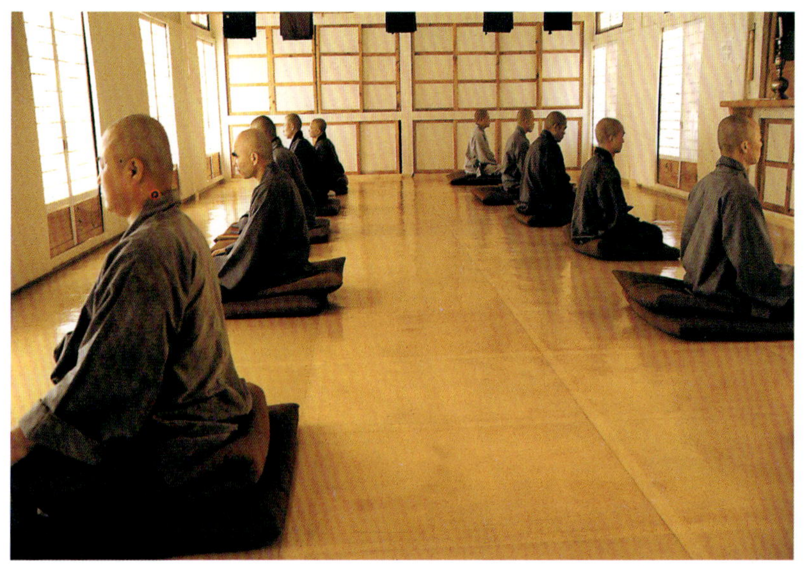

참선 수행자는 가사를 수행을 하기 위해서뿐만 아니라, 중생이 보시를 통해서 간탐심을 내지 않게 하기 위해서도 착용하는 것이다.

편리한 손이라고 하는 생리적 원인에서 시작된 것으로, 우측을 드러낸다는 것은 상대방을 해칠 무기가 손에 없다는 표시가 되기도 하는 것이다. 더 적극적으로 본다면 상대방을 해치지 않는다는 차원을 넘어 존경한다는 의미가 담겨 있다. 그렇게 본다면 편단우견은 붓다에 대한 존경의 표시가 되는 것이다.

통견은 어깨를 전부 감싸는 것으로 설법을 한다거나 위의를 갖출 때 하는 입는 법이다. 『사리불문경(舍利佛問經)』에

공양(供養)을 할 때는 응당 한쪽 어깨를 드러내어 편하게 일을 하고, 복전(福田)을 지을 때에는 마땅히 양 어깨를 덮어서 전문상(田文相)을 나타내야 한다. 무엇을 일러 공양을 할 때라고 하는가? 붓다를 뵐 때와 스승에게 안부

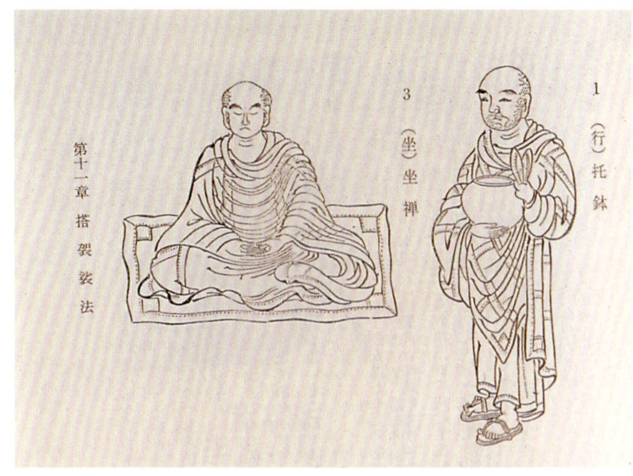

특별한 경우의 통견으로 입은 모습 久馬慧忠,『袈裟の研究』, 東京: 大法輪閣, 1967. 참고.

를 물을 때에 마땅히 일의 형편에 따라야 하는 것이니, 침상을 턴다거나, 땅을 쓴다거나, 저고리와 치마를 개거나 주위에 바르게 자리를 깐다거나, 진흙으로 꽃을 만든다거나, 제자를 회초리질한다거나(손아래 사람을 지도하여 향상시키는 것), 물을 뿌린다거나 하는 등을 여러 가지의 공양이라 한다. 복전을 지을 때는 마땅히 양 어깨를 덮어야 하는데, 이것은 전문(田文)의 상을 나타낸다는 의미이다. 무엇을 일러 복전을 짓는 때라 하는가? 국왕의 식사에 청함을 받았을 때와 마을에 들어가 걸식을 할 때, 좌선을 하거나 경을 읽거나, 각처를 돌아다니거나 나무 아래에서 수행할 때이니, 사람들이 단정하고 엄숙한 모습을 보고 가히 볼 만한 것이라고 할 때이다.

라고 설해져 있다.

위의 내용을 보면 착의에서 나타난 중요한 가사의 기능은 공양과 설법에 있다고 볼 수 있다. 수행자는 가사를 수행을 하기 위해서뿐만 아니라, 중생이 보시를 통해서 간탐심(慳貪心, 인색하고 욕심이 많음)을 내지 않게 하기 위해서도 입는 것이다. 또한 중생에게 교법(敎法)을 설하여 번뇌를 없애주고 지혜를 길러주기 때문에 복전이 되는 것이다.

따라서 가사를 복전의(福田衣)라고 부르는 것은 자신과 더불어 타인도 해탈하게 한다는 사상(思想)을 포함하는 것이다. 다시 말해 가사를 통해 중생(衆生)을 구제(救濟)하는 불교의 방편사상(方便思想)이 반영된 표현인 것이다. 결국 대승불교적인 측면에서 가사의 의미(意味)를 해석한 것이다.

소재에 나타난 사상

『사분율(四分律)』권39에 다섯 비구가 붓다께 어떤 옷을 가져도 좋은가에 대한 물음이 있는데, 이를 통하여 가사 제정의 이유를 엿볼 수 있다. 붓다께서 분소의(糞掃衣, 세상사람들이 입다 버린 헌옷을 가지고 만든 가사. 탐심을 여의기 위해 검소함을 닦는 뜻으로 입는 법의)와 열 가지 옷을 가질 수 있도록 허락하였다고 한다.

분소의는 소가 씹은 옷, 쥐가 갉아먹은 옷, 태운 옷, 월경 혈이 묻은 옷, 산부의 옷, 사당에 버린 옷, 새가 물어 가거나 바람에 날려 주인 없는 옷과 무덤에 버려져 죽은 사람의 옷, 신불에게 소원하고 버린 옷, 역직(役職)이 변하여 버려진 옷(受王職衣), 받은 옷, 관에 걸쳤던 옷 등이라고 하였다. 가질 수 있는 열 가지 옷에는 구사(拘舍:견) · 겁패(劫貝:목면) · 흠파라(欽婆羅:모직) · 추마(芻摩:마) · 차마(叉摩:마) · 사토(舍兎:樹皮) · 마(麻:마) · 시이라(翅夷羅:조모) · 구섭라(拘攝羅:양모) · 친라발니(嚫羅鉢尼:양모) 옷 등이다.

이것을 체천(體賤)이라고 하며, 이로부터 붓다와 그 제자들은 분소의(糞掃衣)를 입게 되었다. 여기서 출가자가 분소의를 입는 것은 사치와 겉치레로부터 벗어나고 깨달음에 이르기 위해서이다. 그것은 세간적(世間的)인 사회 생활을 포기하되, 자기의 신체를 유지하고 이를 극복할 필요로 착용하는 것을 뜻한다. 따라서 분소의는 세간적인 욕심을 일으키지 않도록 의복에 가치를 두지 않는다는 의미가 있다.

분소의는 교단(敎團)이 방대하여짐에 따라 그 수요가 많아져 점차 구하기 어려워졌기 때문에 분소의를 천의 재료(材料)로 삼는 것은 현실적으로 불가능해졌다. 그래서 붓다는 명의 기바(耆婆, Jivaka)의 청을 받아들여 신도들이 보시하는 의복을 받도록 허락하였다. 붓다는 분소의이건 시주(施主) 받은 천이건 사람의 수에 따라서 나누고, 좋고 나쁜 것이 있으면 잘 섞어서 나누라고 하였다.

당시에는 천이 풍족하지 못하여 소량의 공양물이 승단(僧團)에 기부되었고 수제품인 천은 질에서도 많은 차이가 났을 것이다. 따라서 이러한 차별을 극복하고 지위 고하를 막론하여 옷감을 승단의 구성원이 똑같이 분배한 것은 불교의 평등사상(平等思想)과 승가(僧伽)의 화합정신(和合精神)을 읽을 수 있는 중요한 단서가 되는 것이다.

색에 나타난 사상

가사를 괴색(壞色)이라고 하는데 『사분율』 권16에 "만일 비구가 새 옷을 얻으면 마땅히 세 가지 종류로 괴색하여야 한다. 하나하나의 색을 뜻대로 무너뜨려라. 혹은 청, 혹은 흑, 혹은 목란(木蘭)으로써 아니하고 다른 새 옷으로 함은 바일제(波逸提, 파계의 죄명. 잘못을 참회하지 않으면 지옥 갈 죄를 짓는 것으로 계율 가운데 가벼운 것)이니라"고 하였다.

또한 계율이 규정하는 것으로 오정색(五正色)은 청(靑)·황(黃)·적(赤)·백(白)·흑(黑)이 있으며 오간색(五間色)에는 비(緋)·홍(紅)·자(紫)·녹(綠)·벽(碧)이 있다. 팔리율장에서는 청(靑), 니(泥), 암갈색(暗褐色)으로 나타내고 있

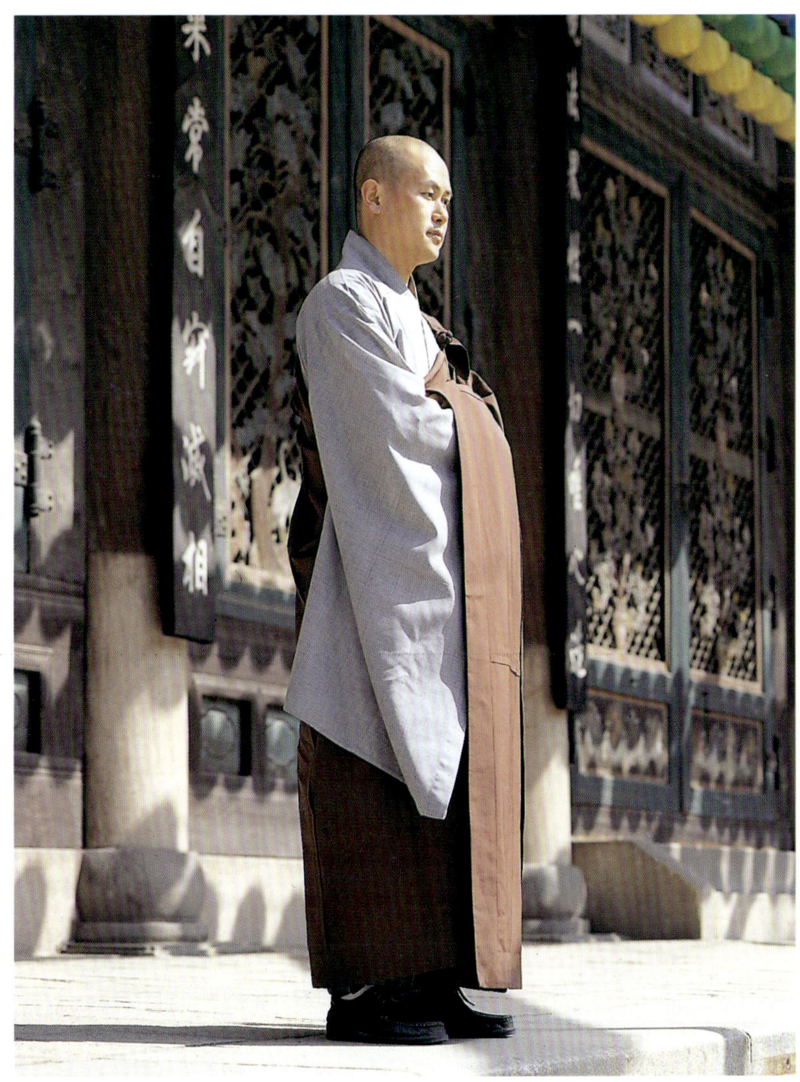

출가 수행자의 의복 붓다는 분소의이건 시주 받은 천이건 사람의 수에 따라서 나누고, 좋고 나쁜 것이 있으면 잘 섞어서 나누라고 하였다. 당시에는 천이 풍족하지 못하여 소량의 공양물이 승단에 기부되었고 천의 질에서도 많은 차이가 났을 것이다. 따라서 이러한 차별을 극복하고 지위 고하를 막론하여 옷감을 승단의 구성원이 똑같이 분배한 것은 불교의 평등사상과 승가의 화합정신을 읽을 수 있는 중요한 단서가 된다.

다. 그러나 이 경우는 어디까지나 편의상 삼종색(三種色)을 나타낸 것일 뿐이
다. 이것으로 보아 괴색은 금지색을 피할 수 있는 혼합된 색으로 아름답지 않고
수수한 색이다.

가사를 괴색으로 염색하는 이유는 근본적으로 분소의에서 시의(施衣)로 변
함에 따라 시여된 옷감의 색이 각각 다르기 때문에 불교 수행자의 의복으로 통
일할 필요가 있었을 것이다. 색을 통일하는 것은 옷에 대한 사치를 없애고 옷으
로 인한 신분의 차이를 없게 하는 것이다. 이것을 색천(色賤)이라 하며 인욕(忍
辱)을 나타낸다고 할 수 있다. 이처럼 처음에는 가사가 옷이라는 형태적 측면보
다는 색이라는 측면에서 붙여진 이름이다.

또한 10색(오정색과 오간색)을 제외한 가사 색으로 염색하는 이유를 보면, 그
당시 인도에는 브라흐만, 크샤트리아, 아디야타파카, 바이샤, 수드라, 마탕카, 카
루샤카, 바닛치, 푸라비라지타, 왕 이렇게 열 가지의 계급이 있었던 것과 관련이
있었던 듯하다. 『장아함경(長阿含經)』 권6에는 "나의 위없는 정진(正眞)의 도 가
운데에는 종성(種姓)을 필요로 하지 않고 '우리' 또는 '나'라는 교만한 마음을
믿지 않는다. 세속의 법에서는 그것을 필요로 하나 우리 법은 그렇지 않다. 만일
사문(沙門)이나 바라문으로서 자기의 종성을 믿고 교만한 마음을 품는다면 우
리 법 가운데서는 끝내 위없는 도를 이루지 못할 것이다. 만일 능히 종성의 관념
을 버리고 교만한 마음을 없애면 곧 우리 법 가운데서 도를 이루어 바른 법을 받
을 수 있을 것이다. 사람들은 하류(下流)를 미워하지만 우리 법은 그렇지 않다"
라는 대목이 있다.

이것은 신분과 계급의 타파를 주장한 것으로, 승가는 여러 계급이 혼합된 공
동체라는 것을 의미한다. 따라서 가사의 색을 괴색 즉 혼합된 단일색(單一色)으
로 정한 것은 계급을 타파하는 의미이며, 불교의 평등사상(平等思想)을 담고 있

는 것이다.

구성에 나타난 사상

가사의 구조에 나타난 사상은 조, 제로 나누어 생각할 수 있다. 가사의 모양은 조와 제에 의해서 규칙적으로 밭 전(田) 자 형태를 띤다. 이 전상(田相)이 언제부터 지금의 모습으로 정착되었는지는 확실치 않으나, 남방과 북방의 가사 형태를 비교해 볼 때 대략 중국의 당대(唐代)로 추정된다.

우선 『사분율』 권40에 의하면, 붓다께서 왕사성으로부터 출발하여 남방으로 유행(遊行)하시다가 밭이랑의 방정(方正)함을 보시고 "이는 세간의 복전(福田)이니 출세간(出世間)의 복전인 승가의 의복도 이와 같이 만들라"고 아난에게 명하셨다. 이때에 아난이 라자가하로 돌아와서 쪼갠옷(割截衣, 가사)을 만드는 법을 가르쳤다. 그때 붓다께서 돌아오셔서 쪼갠옷을 입은 비구가 많은 것을 보시고 "칼로 재단해서 사문의 옷을 이루면 도적에게 빼앗기지 않으리라"라고 하셨다.

비구들이 몇 가지(條)의 옷을 만들지 모른다 하니, 부처님께서 말씀하시기를 "6조(條)가 아니라 5조로 하고, 8조가 아니라 7조로 하고, 10조가 아니라 9조로 하고, 20조가 아니라 19조로 만들라"고 하였다. 이렇게 해서 5조·7조·9조 등이 만들어지고 세로의 조각인 조(條)와 가로의 봉제선인 제(提)가 있는 전상(田相)이 생기게 되었다. 이것을 도천(刀賤, 칼로 잘라서 옷감을 천하게 만든다는 의미)이라고 한다.

아마도, 전상은 조와 제가 합쳐져서 되는데 경전이 번역되는 과정에서 정전법(井田法) 등의 사회제도나 중국적인 의궤법(儀軌法)이 가미된 것이 아닐까 생각된다. 투르판(高昌) 베제크릭사원의 벽화를 보면 인도(印度) 스님의 가사에

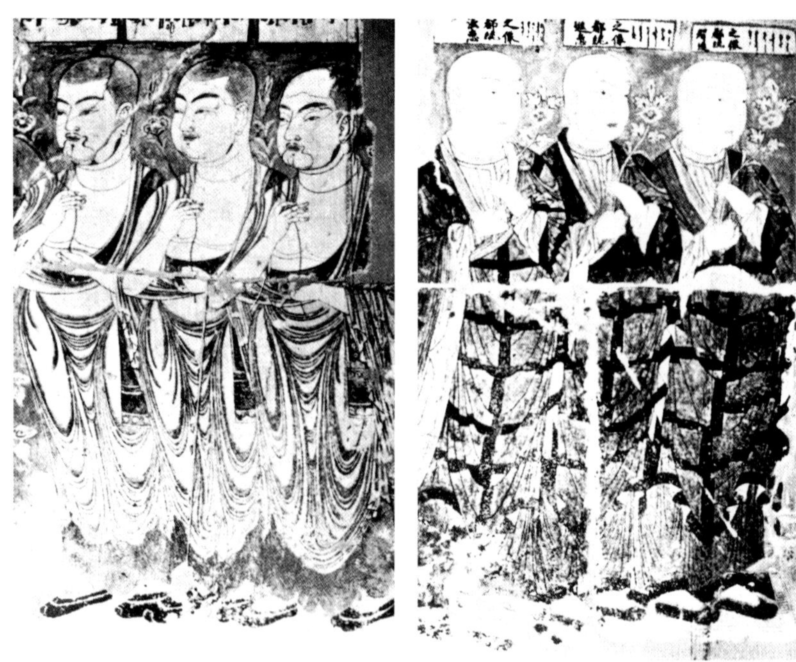

투르판 베제크릭사원의 벽화　인도 스님의 가사에는 전상이 없으나(왼쪽), 중국 스님의 가사에는 전상이 있다(오른쪽). 현재 근본불교의 전통을 고수하고 있는 스리랑카, 미얀마, 태국 등의 가사도 조는 있으나 제는 불규칙적이다.

는 전상이 없으나, 중국(中國) 스님의 가사에는 전상이 있다. 또한 시의된 천을 인원수대로 나누어 가사를 만들었다고 하는 것은 붓다의 당대에도 있었던 일이지만, 팔리율장에는 논의 뻗은 형태로 만들라고만 되어 있다. 즉 조에 대한 설명만 있고 제에 대한 언급은 없다.

　그리고 현재 근본불교의 전통을 고수하고 있는 스리랑카와 미얀마, 태국 등 남방불교권의 가사도 조는 있으나 제는 불규칙적이다. 그래서 전상에 따라 가사를 만들었다는 것은 중국, 한국, 일본 등 대승불교권에서 대승불교의 한 방편으로 직관과 감성에 호소하려는 의도에서 변형된 것이라고 보는 것이 옳을 것이다.

그리고 삼의의 조수(條數)를 홀수로 한정하는 이유는, 홀수는 양(陽)의 수로 무엇인가를 만들어내는 작용력이 있으며, 짝수는 음(陰)의 수로써 무엇인가를 없애고 죽이는 작용을 한다고 보기 때문이다. 그리하여 사문의 자비를 나타내고, 어짊으로 중생을 기르는 것을 근본으로 삼고 세상에 동화해서 교화(敎化)를 펼친다는 뜻을 나타내기 위해서 짝수를 쓰지 않는다. 이렇게 가사의 조수를 홀수로 쓰는데 있어서 9조 이상은 대의라고 하여 구품사상이 내포되어 있다.

이즈츠 가부우(井筒雅風)는 가사를 9조 이상으로 나누는 것은 대승불교 중 선종의 전통이라고 하였다. 근본불교 경전에서는 구품(九品)에 대한 설명이 없지만 정토삼부경(淨土三部經)인 『관무량수경(觀無量壽經)』, 『무량수경(無量壽經)』, 『아미타경(阿彌陀經)』에서는 구품에 대한 언급이 있는 것을 보아도 알 수 있다. 구품은 왕생(往生)의 바른 행으로 사람의 근기에 선악이 있는 것이며, 또 근기에 상하가 있고, 믿음에 얕고 깊음이 있으며, 수행에 많고 적음이 있기 때문에 왕생하여 보는 정토의 세계도 역시 차별이 있다고 보는 것이다. 정토(淨土)는 청정한 하나의 세계이고, 국토에서는 상하의 차별은 존재하지 않지만, 정토왕생(淨土往生)을 원하는 사람의 근기에 차별이 있으므로 구품정토의 차별이 생긴다는 것이다.

또한 대의의 상품·중품·하품은 상생(上生)·중생(中生)·하생(下生)을 나타내는 것으로 『관무량수경』에 나오는 구품중생(九品衆生)을 말하는 것이다. 상품에는 상상생·상중생·상하생, 중품에는 중상생·중중생·중하생, 하품에는 하상생·하중생·하하생 등이 있다. 이것은 사문(沙門)이 중생을 구제하려

노력해야 한다는 것을 보여 주는 대목이다. 그리고 근기(根器)에 따라 구품으로 나누어져 구품 정토의 차별이 생긴다고 해도 마음을 선하게 닦으면 누구나 정토(淨土)에 왕생(往生)할 수 있다는 중생 구제 사상(衆生救濟思想)에 근거하고 있음도 주목해야 할 것이다.

근본불교에서는 출가자 자신의 깨달음에만 치중했기 때문에 재가자가 가사의 옷감을 바침으로써 복을 질 수 있는 기회를 부여해 주는 소극적(消極的)인 방편 사상을 취하고 있지만, 대승불교에 이르러서는 중생을 구제하는 적극적(積極的)인 방편 사상이 보편화되었던 것이다. 따라서 가사에 대해서도 중생을 구제하려는 수단으로써 그 기능과 목적을 해석하였다.

또한 단격을 보면, 장은 최대한 네 개까지 쓸 수 있는 데 반해 단을 하나로 제한하는 것은 법복이라는 공경(恭敬)할 만한 복전이 중생들에게 이익을 줌으로써 성인(聖人)은 많아지고 범부는 적어지는 것을 표현하기 위해서이다. 즉 중생이 수행을 하면 속세(俗世)의 더러운 법을 벗어나서 성인이 점점 늘어난다. 이것은 범부(凡夫)도 누구든지 수행을 하면 성인이 될 수 있다는 사상을 나타내는 것이다.

봉제에 대하여는 『근본살바다부율섭(根本薩婆多部律攝)』 권5에서 "꿰맴질하는 법은 논고랑의 원리에 의해서 가르고 잘라야 한다. 줄기 경계(솔기)가 양 끝을 향하게 하고 한쪽으로 쏠리지 않게 한다. 줄기 경계에 세 가지 다름이 있으니 이른바 상·중·하가 그것이다. 상은 넓이가 네 손가락 혹은 새의 편발과 같이 하며, 좁은 것은 두 손가락만 하게 하고 이 둘 사이를 중이라 이름한다. 작은 단(壇)을 만들 때는 큰 단의 반에 맞출 것이니 마땅히 얇은 대 조각이나 혹은 바늘 등을 사용해서 그곳을 표기해야 한다. 그러나 작은 단이 큰 단을 바라보고 기준해서 자르고 뜯고 할 때는 다시 그 반 조각 경계를 더해야 한다. 한번 꿰맴

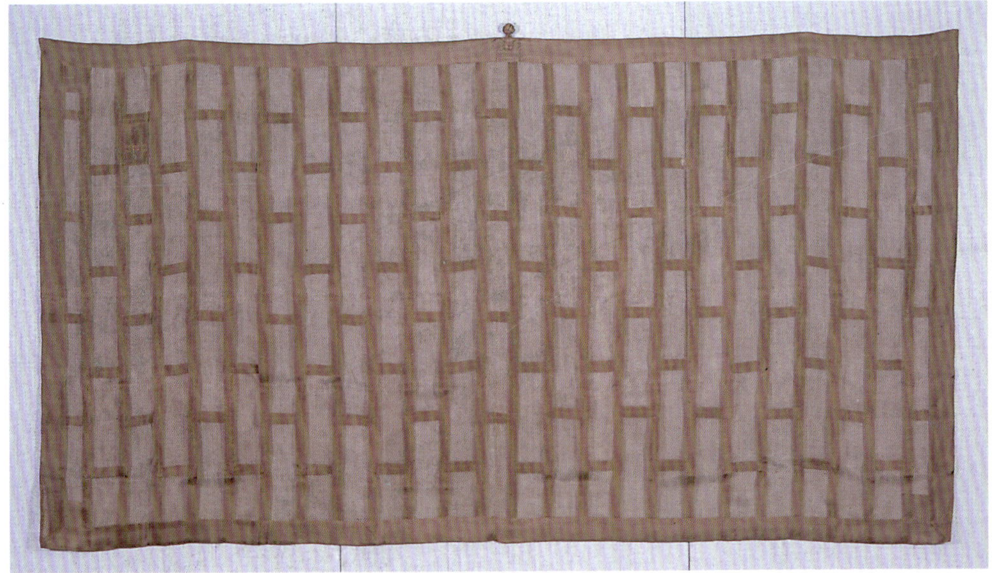

25조 가사 단격을 보면, 장은 최대한 네 개까지 쓸 수 있는데 단을 하나로 제한하는 것은 법복이라는 공경할 만한 복전이 중생들에게 이익을 줌으로써 성인은 많아지고 범부는 적어지는 것을 표현하기 위해서이다. 즉 중생이 수행을 하면 속세의 더러운 법을 벗어나서 성인이 점점 늘어난다.

질을 지어 마친 뒤에야 비로소 밝고 어둠이 바로 상응할 수 있는 것이다"라고 설명하였다.

이상과 같이 장과 단을 다 꿰매고 나면 작은 단이 있음으로 큰 단이 있고, 큰 단이 있음으로 작은 단이 있게 된다. 단격에서 알 수 있듯이 장은 성인을, 단은 중생(衆生)을 상징하며, 그러한 구조는 성인과 범부가 동시에 존재함을 의미한다. 성인(聖人)이 있음으로 중생이 있고, 중생이 있음으로 성인이 있다는 논리인 것이다. 그리고 그 근저에는 중생이 없으면 성인도 없다는 것으로 모든 존재는 서로 연관된 관계로 되어 있다는 연기(緣起) 사상이 자리 잡고 있다.

앞의 구조에서 설명하듯이 장과 단의 형태는 대승불교에 와서 이루어졌으나 봉제에서 담고 있는 사상은 근본불교를 근간으로 하고 있다는 것을 알 수 있다.

치수에 나타난 사상

가사의 치수를 보면, 『사분율(四分律)』 권41에 "안타회는 길이가 네 팔뚝이요 너비가 두 팔뚝이며, 울다라승과 승가리는 길이가 다섯이요 너비가 세 팔뚝으로 같다"고 하여 전체적인 치수만 기술되어 있다. 그리고 『사분율』에는 가사의 치수를 정하는 데 있어 첫째가 실용성이고, 둘째는 단정해야 하며, 셋째는 분수를 지키는 일이라고 하였다.

여기에 반해 『살바다론(薩婆多論)』 권4에는 삼의의 치수를 세분하여 설명하고 있는데, "보통 키인 사람은 길이가 다섯 팔뚝이요, 너비는 세 팔뚝이며, 키가 매우 큰 사람은 길이가 여섯 팔뚝이고 너비는 세 팔뚝 반이며, 키가 매우 작은 사람은 길이가 네 팔뚝이요, 너비는 두 팔뚝 반으로 한다"고 하였다.

여기서 가사의 치수를 제한하고 있다는 사실이 주목된다. 가사의 치수가 지나치게 작거나 크면 쾌락이나 고행주의로 치우치게 되기 때문에, 그러한 생활 태도를 버리고 중도에 의해 지혜를 완성하라는 중도사상(中道思想)을 반영하고 있는 것으로 보인다.

율장에 있어서 가사의 변천

붓다의 열반 후 각각의 경·율·논이 만들어진 시대와 상황이 다르기 때문에 여러 율장을 다룰 경우, 가사의 제정에 따른 혼란이 야기될 수 있기 때문이다. 여기서는 『사분율』을 중심으로 다루고자 한다.

가사 종류의 변천

『사분율』권41에 "내가 아까 조용한 곳에서 생각하되, '비구들이 길을 가는데 옷을 많이 가지고 가기 때문에 머리에 이기도 하고 어깨에 메기도 하고 허리에 차기도 하였다. 이를 보고 생각하되, 나는 비구들에게 옷의 분량을 제한해서 더 가지지 못하게 하리라' 고 하였다.

또한 '내가 초저녁에 한데에 앉을 때는 옷 하나를 입었고(안타회), 밤중이 되어 추위를 느끼매 두 번째 옷을 입었고(울다라승), 새벽이 되어 더욱 추위를 느끼매 세 번째 옷을 입었다(승가리). 그러므로 생각하되 오는 세상에 착한 남자들이 추위를 견디지 못하거든 세 벌의 옷만을 갖게 하면 족하리라. 나는 지금 비구들을 규제해서 세 가지 옷만을 가지게 하리라. 지금부터 비구들에게 세 가지 옷만을 가지게 하노니, 더는 가지지 못한다"는 대목과 "지금부터 비구들이 새로 옷을 만들거든 한 겹의 속옷과 한 겹의 속가사와 두 겹의 큰 가사를 만들라. 만일 헌옷이거든 두 겹의 속옷과 두 겹의 속가사와 두 겹의 큰 가사를 만들라. 만일 누더기이거든 겹 수를 적당히 마음대로 하거라"고 한 부분과 "비구들이 추위에 괴로워서 붓다께 사뢰니, 솜옷을 입으라 하셨다" 등에 주목해 보자.

가사가 처음에는 옷의 가짓수가 정해지지 않았으나 필요에 따라 삼의가 제정되고, 그 다음에는 가사의 겹이 정해지고, 추운 환경에서는 솜옷도 허용되는 등 점차적인 변화를 겪어 왔음을 알 수 있다.

소재의 변천

소재의 변천은 '소재에 나타난 사상' 단원에서 언급했듯이(26쪽 참조) 처음에는 소재로 분소의를 택했으나 교단이 커지면서 분소의도 얻기 힘들고, 신도가 많아짐에 따라 보시를 받게 되었다. 그 후 구체적으로 허용하는 의재(衣材)

표 2. 율장에 나타난 허용 의재 및 금지 의재

율장	허용 의재	금지 의재
사분율 권6·권39	구사의(拘舍衣), 겁패의(劫貝衣), 흠파라의(欽婆羅衣), 추마의(芻摩衣), 차마의(叉摩衣), 사토의(舍兎衣), 마의(麻衣), 시이라의(翅夷羅衣), 구섭라의(拘攝羅衣), 친라발니의(嚫羅鉢尼衣)	초의(草衣), 사파초의(娑婆草衣), 수피의(樹皮衣), 수엽의(樹葉衣), 주영락의(珠瓔珞衣), 외도피의(外道皮衣), 취모의(鷲毛衣), 인발흠파라의(人髮欽婆羅衣), 마모리우미흠파라의(馬毛犛牛尾欽婆羅衣)
마하승기율 권8·권28	겁패의(劫貝衣), 흠파라의(欽婆羅衣), 추마의(芻摩衣), 교사나의(憍奢那衣), 사나의(舍那衣), 마의(麻衣)	목양모(목羊毛), 흠파라의(欽婆羅衣), 발흠파라의(髮欽婆羅衣), 초의(草衣), 마미흠파라의(馬尾欽婆羅衣), 수피의(樹皮衣), 위의(韋衣)
오분율 권4·권20	겁패의(劫貝衣), 흠파라의(欽婆羅衣), 야잠면의(野蠶綿衣), 저의(紵衣), 마의(麻衣)	인발의(人髮衣), 녹여피의(鹿麗皮衣), 양피의(羊皮衣), 조모의(鳥毛衣), 리우미의(犛牛尾衣), 초수피엽의(草樹皮葉衣)
십송율 권5·권6 ·권27	청의(靑衣), 황의(黃衣), 적의(赤衣), 백의(白衣), 마의(麻衣), 야마의(野麻衣), 추마의(芻摩衣), 교사나의(憍奢那衣), 시이라의(翅夷羅衣), 흠파라의(欽婆羅衣), 겁패의(劫貝衣),	발흠파라의(髮欽婆羅衣), 각치시의(角鵄翅衣), 녹모의(鹿毛衣), 피의(皮衣), 타목의(打木衣), 발구초의(跋拘草衣), 구사초의(拘賒草衣), 문약초의(文若草衣), 사파초의(娑婆草衣), 고초의(藁草衣)
팔리율장	추마의(芻摩衣), 고패의(古貝衣), 교사나의(憍奢那衣), 흠파라의(欽婆羅衣), 사니(沙尼), 겁패의(劫貝衣), 마포(麻布)	구사초의(拘賒草衣), 발구초의(跋拘草衣), 판의(板衣), 인발흠파라의(人髮欽婆羅衣), 마미흠파라의(馬尾欽婆羅衣), 각치시의(角鵄翅衣), 녹피의(鹿皮衣), 아구초의(阿拘草衣), 수피의(樹皮衣)

와 금지하는 의재의 제정으로 가사의 소재는 변천하게 된다.

허용된 의재(衣材)에는 구사의(拘舍衣, 비단), 겁패의(劫貝衣), 흠파라의(欽
婆羅衣, 범어 kambala. 모毛와 사絲를 섞어 짠 옷 혹은 양털로 짠 옷으로 외도들
의 옷이라 함), 추마의(芻摩衣, 삼베옷), 차마의(叉摩衣, 마), 사토의(舍兎衣, 나
무껍질), 마의(麻衣), 시이라의(翅夷羅衣, 새의 깃으로 만든 옷), 구섭라의(拘攝
羅衣), 친라발니의(嚫羅鉢尼衣) 등 열 가지 종류가 있다. 여기서 구사의는 견
(絹), 차마의는 마(麻), 사토의는 수피(樹皮), 시이라의는 조모(鳥毛), 구섭라의
와 친라발니의는 양모(羊毛)를 말한다.

금지된 의재는 초의(草衣), 사파초의(裟婆草衣), 수피의(樹皮衣), 수엽의(樹
葉衣), 주영락의(珠瓔珞衣), 피의(皮衣), 취모의(鷲毛衣), 인발흠파라의(人髮欽婆
羅衣), 마모리우미흠파라의(馬毛犛牛尾欽婆羅衣) 등이다. 초의나 사파초의는
풀옷을 말하고, 수피의는 나무껍질 옷, 수엽의는 나뭇잎 옷, 주영락의는 영락구
슬 옷, 인발흠파라의는 사람의 머리털로 된 흠파라의, 마모리우미흠파라의는 말
털 물소털로 된 흠파라의 등으로 모두 일반적인 의재라 할 수 없는 것들이다.
『사분율』과 『마하승기율(摩訶僧祇律)』, 『오분율』, 『십송율(十誦律)』, 팔리율장에
서 허용하는 의재와 금지하는 의재를 표로 나타내었다(36쪽 참조).

색의 변천

『사분율』 권39에는 새 옷을 세 종류 중 한 가지 색으로 한정하였다. 청(靑)과
흑(黑), 목란(木蘭) 중 한 가지 색으로 괴색한다는 규정이 그것이다. 그러나 예
외적인 경우를 허용한 사례도 있다. 붓다께서 석취번니구류원 중에 있을 때에
난타존자(難陀尊者)의 신장이 붓다보다 8촌(四指, 사지)이 낮을 뿐이어서 멀리
서 난타가 오는 것을 보고 대중들이 석존으로 오인하여 마중 나가는 예가 빈번

하였다고 한다. 붓다는 이러한 혼돈을 막기 위하여 난타에 한해서 흑의(黑衣)를 입게 하였다. 흑의는 흑가사 곧 흑색의 가사라는 뜻이다. 율(律) 중에는 청(靑) · 황(黃) · 적(赤) · 백(白) · 흑(黑)의 오정색(五正色)이 있는데 사청(似靑), 사흑(似黑), 목란(木蘭)의 세 가지 부정색만 허가하였다. 사흑이란 곧 치색(緇色)이며 흑니(黑泥)와 같은 색을 말한다.

금지된 가사색으로는 오대색(五大色)이 있다. 하지만 『살바다비니바사(薩婆多毘尼婆沙)』권8에 따르면 "색에는 오대색(五大色)이 있으니 황 · 적 · 청 · 흑 · 백이다. 이 오대색을 만일 하나씩 각각 염색하면 몸과 입으로 지은 나쁜 업에 해당하며 또한 그것으로 옷을 짓더라도 입지 못한다. 만일 오대색의(五大色衣)를 얻어 뒤에 다시 여법색(如法色)으로 염색(改染)하면 지닐 수 있다. 그러나 만약 먼저 여법색으로 만들고 뒤에 오대색으로 파괴하는 자는 가질 수 없다"고 하였다.

『팔리장경』에 보면, 여섯 무리 비구(比丘)들이 진청의(眞靑衣), 진황의(眞黃衣), 진적의(眞赤衣), 진천의(眞茜衣), 진흑의(眞黑衣)의 오대색과 진홍남색의(眞紅藍色衣), 진락엽의(眞落葉衣)의 간색을 입었는데 붓다께서 입지 말라고 하셨다고 한다.

이 대목은 비구들이 처음에는 염색하지 않은 채로 가사를 입었다는 사실을 보여 준다. 그 후 오대색(五大色)을 지닌 세간(世間)의 옷을 얻은 후라도 일단 여법색(괴색)으로 염색하면 입을 수 있었다는 것이다. 그런데 괴색으로 염색을 하였으나 염색 농도가 진해 색이 밝게 나오면 그것도 금지했음을 추측할 수 있다.

구성의 변천

『사분율』권40에 라자그리하성의 여러 우바새들이 붓다께서 비구들에게 단

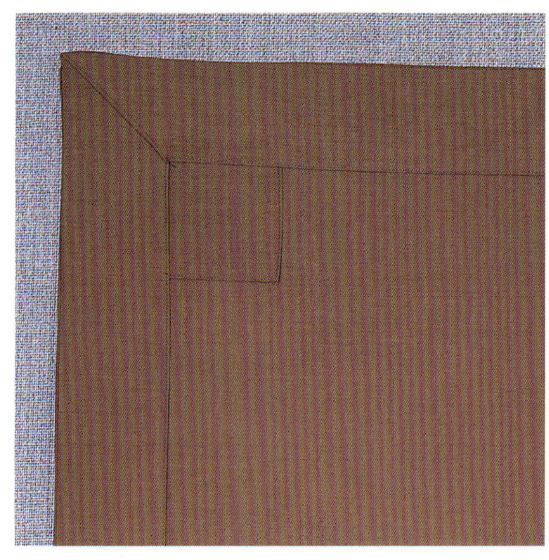

가사의 바느질 결국 가사의 봉제법은 처음에는 단지 보기 좋게 꿰매는 식에서 실용적인 쪽으로 변천하였다.

월(檀越, 시주 즉 보시를 하는 사람)이 주는 옷을 가져도 좋다고 허락하셨다는 말을 듣고, 곧 사람을 시켜 갖가지 좋은 옷을 많이 비구들에게 보냈다. 그때에 왕이 입던 값진 옷을 나누지 못하니, 부처님께서 말씀하시되 "쪼개서 나누라. 지금부터는 칼로 옷을 쪼개도 좋다. 보시를 받을 때에 열 사람이 있으면 10등분 하고 백 사람이 있으면 100등분하라"고 붓다는 가르치고 있다. 그 후 붓다는 가사를 밭이랑같이 하라고 하였다.

이 이야기는 처음에는 할절(割截)이 없는 통가사(縵衣)였다는 것을 의미한다. 그 후 조만 있는 가사가 되었다가 가사에 전상(田相)이 생기게 되었다.

봉제법은 아난이 자그리하성으로 돌아와서 비구들에게 가르쳤다고 전해진다. "이렇게 쪼갠옷(割截衣, 가사)을 만드는 법을 가르쳤다. 이는 짧은 가지(短條)이다. 이는 잎(葉)이다. 이는 첫째 꿰맴이다. 이는 둘째 꿰맴이다. 이는 셋째 꿰맴이다. 이 가지 잎들을 양쪽으로 향하게 꿰매라 하였다." 그 후 비구들이 쪼갠 속가사와 큰 가사를 입었는데 잎의 테두리가 속히 해어지고 때가 속으로 들어가서 이슬에 젖었다. "지금부터 쪼갠 속가사와 큰 가사를 입되, 잎을 새발무늬로 꿰매든지 잎의 변두리를 실로 감치든지 말 이빨의 무늬로 꿰매라" 하였다. 결국 가사의 봉제법은 처음에는 단지 보기 좋게 꿰매는 식에서 실용적인 쪽으로 변천하였다.

치수의 변천

치수는 앞의 '치수에 나타난 사상'에서 언급했듯이(34쪽 참조) 『사분율』 권41에는 삼의별 치수가 한가지로 정하여져 있으나 『살바다론』 권5에서는 사람의 키에 따라 대·중·소로 규정하는 대목이 나온다.

이것은 처음에는 가사의 치수가 정해지지 않았으나 후에 좀 더 구체적으로 정해진 것을 나타낸다. 따라서 율장에 나타난 가사의 변천은 수행하는데 있어서 고통과 안락함을 지양하는 실용적이고 합리적인 쪽으로 융통성 있게 변천하였다.

한국의 불교 전래 및 가사의 변천

불교(佛敎)는 2,600여 년 전에 인도에서 고타마 붓다에 의해 창시되었다. 이런 불교가 인도에서 발생해 정착한 시기는 기원전 5~기원전 4세기로 본다. 또한 중국에 불교가 전래된 시기에 대해서는 여러 가지 학설이 있으나, 후한(後漢) 영평(永平) 10년(기원후 67년) 대월지국(大月氏國)으로부터 가섭마등(迦葉摩騰)과 축법란(쓰法蘭)에 의해 처음 전해졌다고 하는 것이 일반적이다. 초기에는 인도 불교가 그대로 전해진 것이 아니었다. 당시에 이미 서역 지방에 불교가 전해져 있었고, 그에 따라 불교에 서역의 문화가 가미(加味)되었는데, 중국에도 다소 변화된 서역 불교가 전래되었던 것이다. 중국에 전해진 불교는 대체로 대승 계통이었는데 중국은 대승불교의 이론 체계를 완결시키면서 불교의 역사를 창조해 갔다. 불교가 전래되기 이전의 중국에는 강렬한 개성을 지닌 다양한 사상이 있어서 이 외래사상에 큰 영향을 주었으며, 적지 않은 변용(變容)을 강요했으리라고 생각된다.

인도에서 중국으로 넘어온 대승불교는 사상적으로 폭넓은 의미를 지니게 되었으며 종파 역시 더욱 발전하게 되었다. 대승불교의 특징은 근본불교가 자기를 규제하는 수도 중심인 것에 비해서 보살불교라는 새로운 실천 운동으로 모든 사람이 성불할 수 있는 구체적인 방법을 제시하는 데 있다. 실천 방법 중 하나로 음악, 조각 그리고 회화 등을 받아들여 이성보다는 감성에 호소하였다. 그래서 불교 법복인 가사도 종파에 따라 가사를 통해서 붓다께 귀의한다는 상징적인 의미를 지니며 디자인 되었다.

한국에 불교가 처음으로 전래된 것은 고구려 소수림왕 2년(기원후 372년) 6월 전진(前秦) 왕 부견(符堅)이 순도(順道) 스님을 통해 불상과 경전을 보내오면서부터이다. 고구려에서는 성문사(省門寺)를 지어 순도를 머물게 했으며, 다시 2년 뒤에는 아도(阿道) 스님이 오자 이불란사(伊弗蘭寺)를 지어 머물게 했다. 『삼국사기(三國史記)』 고구려 본기(本紀)에 있는 이 기록은 한국에 불교가 공식적으로 전래된 것을 말해 주는 최초의 기록이다. 백제 시대에는 침류왕 원년(기원후 384년)에 인도 승려 마라난타(摩羅難陀)가 동진(東晋)으로부터 배를 타고 건너왔다. 『해동고승전(海東高僧傳)』을 보면 이때 왕이 몸소 교외에까지 나가 마라난타를 맞았으며, 궁중에 초청해 공양(供養)했다고 기록되어 있다.

통일신라시대에는 대승(大乘, 대승은 큰 수레라는 뜻이니 일체 중생의 구제를 그 목표로 하였다. 일체 중생에게서 성불의 가능성을 인정하고 일체 중생을 보살로 보고 자기만의 구제보다는 이타(利他)를 지향하는 보살의 역할을 그 이상으로 삼는다) 또는 일승(一乘, 일체 중생이 모두 성불한다는 입장에서 그 구제하는 교법이 하나뿐이고 또한 절대 진실한 것이라고 주장하는 것이 일승교이다) 불교를 지양(止揚)한 통불교(通佛敎, 한 종파에만 국한하지 않고 불교 전체를 통하는 교리)의 시대이므로 각 종단의 분파(分派)는 없었다.

통일신라 후기에 접어들면서 한국에는 선법(禪法)이 전래되어 새로운 불교를 태동시켰다. 신라 말부터 일어나기 시작한 선법(禪法)은 고려에 들어오면서 더욱 종풍(宗風)을 떨쳐 구산문(九山門)의 선파(禪派)를 성립시켰다.

이렇게 우리나라는 통일신라시대부터 이미 통불교(通佛敎)적인 성격을 띠었고 그 뒤로는 선종(禪宗) 일색이었다. 그러므로 가사에 있어서도 통일신라 이전에는 중국에서 들어온 종파에 따라 가사도 종파에 따른 구별은 있었을 것이나, 통일신라 이후부터는 종파의 구별이 없이 가사를 착용하였을 것이라고 생각된다.

시대별 한국 가사의 특징

우리나라 스님들이 입던 가사에 대한 자료로는 불상, 불화, 진영도, 실존 유물 등을 통해 알 수 있다. 물론 실존 유물을 통해 보는 것이 가장 정확하겠지만 많은 자료가 없는 상황에서 그 당시 조성되었던 불상이나 불화를 통해 일면을 엿볼 수 있겠다. 가사의 연구에 있어 불상이나 불화가 갖는 자료로서의 의의는 비록 그것이 종교적 목적으로 그려졌다고 하더라도 불화나 불상이 조성될 당시의 종교적 생활상을 어느 정도 보여 줄 것이기 때문이다.

불상에 나타난 가사의 특징은 대부분 조(條)가 없는 대가사이며, 통견으로 입고 있다. 불상에 나타난 가사는 특징상 색 표현이 없다. 불화에 나타난 가사의 특징은 대부분 첩상 가사이고, 색은 홍색이며, 겹가사이고 문양이 있는 가사도 있다. 불화는 불상과는 달리 색 표현이 있어 가사의 그 당시 색상을 알 수 있는 점에서 이채롭다.

불상의 복식이 첩상 가사가 거의 없는 것에 비해 불화에 나타난 가사는 대부분이 첩상 가사인 것은 불상이라는 재료의 제한과 불화로 표현되는 재료의 자유로움으로 인한 것 같다. 또한 의복에 대한 전문적인 지식을 갖고 있는 화공에 의해 조성된 것이 아니라, 조각가나 화가에 의해 그려지면서 그들의 지식에 의해 그려졌으므로 실존 유물과 비교해 볼 때 그 차이가 있다. 따라서 불상이나 불화를 통해 본 가사의 부분은 참고로 활용될 수 있으나 실존 유물과 문헌 자료의 뒷받침 없이 해석을 내리는 데는 많은 한계가 있음을 밝혀 둔다.

따라서 이 책에서는 가장 사실적이고 현재까지 입고 있는 가사의 내용을 뒷받침해 주는 실존 유물 중심으로 시대별 가사의 특징을 살펴보고자 한다.

삼국시대의 가사

삼국 가운데 가장 먼저 불교가 전래된 나라는 고구려이다. 민간을 통하여 전래된 불교는 교리보다는 불교의 제도적인 면이 먼저 받아들여졌을 것이다. 불교의 제도 중에서 가장 중요하고 외관상 확실히 일반인과 구별되는 법의가 가장 먼저 받아들여졌을 가능성이 크다. 정확한 기록이 없어 법의의 착용이 언제부터였는지를 확인할 수는 없으나 고구려 고분 쌍영총과 무용총의 벽화에 나오는 승려의 인물을 통해서 당시의 법의를 살펴볼 수 있다.

삼국시대 가사는 양쪽 어깨를 덮는 통견과 한쪽 어깨만을 덮는 편단우견이 모두 있으며, 남아 있는 대부분의 유물이 불상을 통하여 볼 수 있으며 밭이랑의 형태인 전상(田相)이 없는 드레이퍼리(drapery, 권의卷衣·현의懸衣 등의 남방계南方系 의복의 총칭. 원래는 주름을 잡아 늘어뜨린 휘장이나 아래로 늘어진 주름을 이르는 말로 한 장의 천을 재봉하지 않고 그대로 몸에 걸치거나 늘어뜨리는데, 인도의 사리나 미얀마의 승려복에서 볼 수 있다)식이다. 끈이나 매듭, 영자 등을 이용해 묶어 인도의 가사 입는 법과는 확실한 차이를 보인다.

고구려 스님의 법의는 쌍영총과 무용총의 벽화를 통해서 볼 수 있다. 고구려

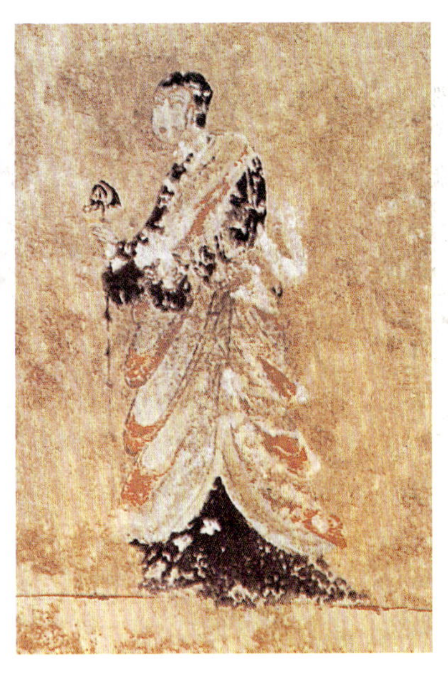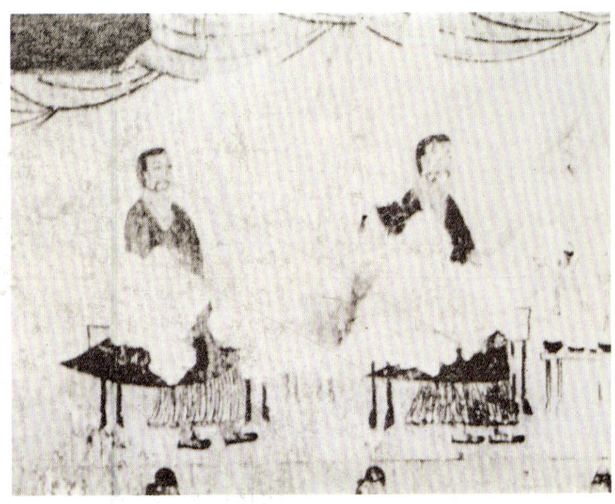

쌍영총(왼쪽)과 무용총(오른쪽) 벽화의 스님 삼국시대 가사는 통견과 편단우견이 모두 있으며 끈이나 매듭, 영자 등을 이용해 묶어 인도의 가사 입는 법과는 확실한 차이를 보인다.

말 5~6세기경의 것으로 추정되는 쌍영총 벽화 중의 주실 동벽의 인물행렬도(人物行列圖)에 스님이 석장(錫杖)을 쥐고 삭발(削髮)에 편단우견(偏袒右肩)으로 홍색과 청색으로 채색(彩色)된 대가사(大袈裟) 법의를 착장하고 있는 모습을 볼 수 있다. 전상(田相, 條數)이 없는 자연스런 드레이퍼리식으로 보이고, 안에 기후적인 여건으로 인한 소매가 넓은 형태(大袖狀)의 흑색포(黑色袍)를 걸친 후에 그 위에 가사를 걸치고 있는 모습이다. 무용총 주실 북벽의 접견도(接見圖)에서는 의자에 앉아 있는 스님이 보이나, 가사에 대한 것은 가운데 모습이 보이지 않아 자세히 알 수 없다.

삼국 가운데 백제는 스님의 의복에 관계되는 유적이나 유물이 없어 당시의 상황을 알기가 더 어렵다. 다만 백제 때의 유물로 추정되는 금동승상(金銅僧像, 개인 소장)을 통해 볼 때 맨몸에 조수(條數)가 없는 가사를 편단우견으로 걸치

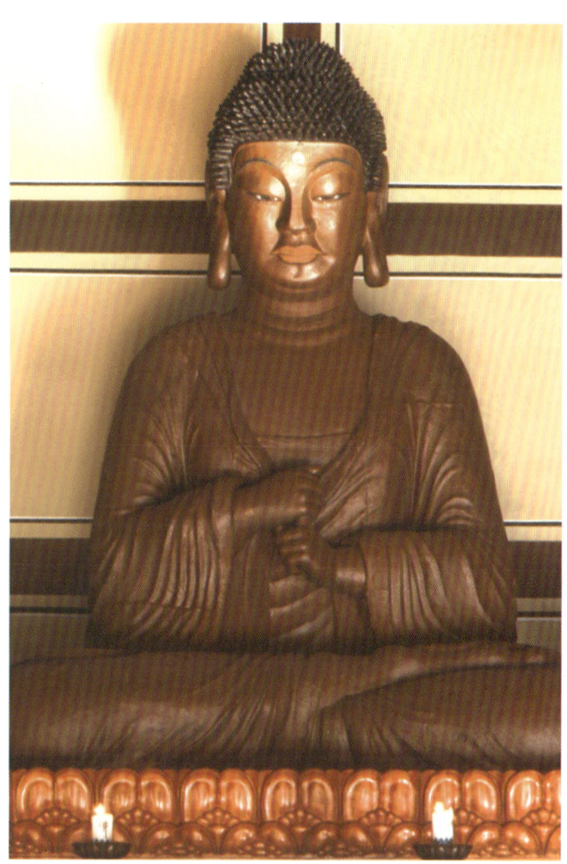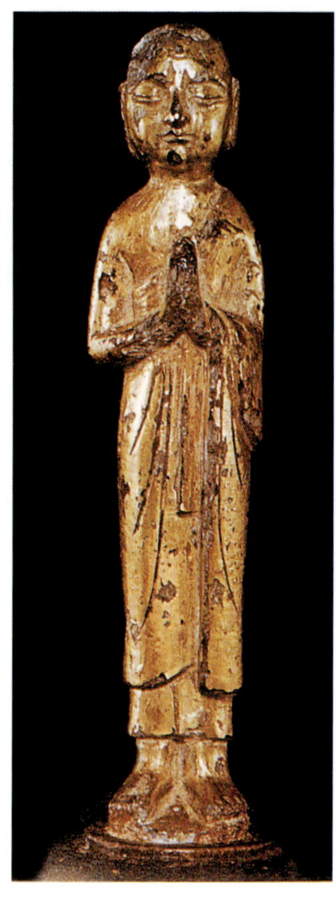

양쪽 어깨를 덮는 통견의 철조비로자나불좌상(왼쪽)과 맨몸에 편단우견의 가사를 걸친 금동승상(오른쪽)

고 있다. 이는 조성을 하면서 백제의 승려가 입고 있는 옷을 보고 했다기보다
는 본래에 충실하면서 인도식 가사를 재현한 것이 아닌가 한다. 비슷한 시기의
중국이나 일본을 보더라도 기후 여건에 맞는 삼국과 비슷한 가사를 착용하고
있다. 이를 통해 백제 또한 단일색이나 첩상 가사(貼相袈裟)를 착용하였던 것
같다.

신라는 자장 율사(慈藏律師)가 승통(僧統)을 확립한 후에 가사의 색이 화려하게 되었고, 계층에 따라 달랐다. 신라에서는 왕이나 왕비가 사문(沙門)이 되어 가사를 입는 경우가 있어 신라의 법의는 왕실 불교의 시대적 상황에 따라 자연히 화려하게 변했다. 현재 전해지는 신라 가사로는 자장 율사가 문수보살(文殊菩薩)로부터 전해 받았다는 석가여래(釋迦如來) 가사와 자장 율사 가사가 경상남도 양산(梁山) 통도사(通度寺)에 소장되어 있다.

석가여래 가사

석가여래 가사는 현존해 있는 한국의 가사 중 가장 오래된 것으로 경남 통도사에 소장되어 있다. 『삼국유사』 제4 탑상(塔像) 전후 소장사리조(前後所藏舍利條)에 "선덕왕 12년(643)에 자장(慈藏)이 당나라 유학 도중 청량산(淸凉山)에서 문수보살(文殊菩薩) 앞에 기도를 하고 선덕왕 17년 3월에 당에서 돌아오면서 불두골(佛頭骨), 불아(佛牙), 불사리(佛舍利)와 부처님이 입으시던 붉은 비단에 금색 점이 있는 가사(緋羅金點袈裟)를 가져왔는데, 사리의 일부와 가사를 통도사 계단에 두었다"라고 되어 있다.

또 「통도사사리가사사적약록(通度寺舍利袈裟事蹟略錄)」에는 "창건주 자장 율사가 정관(貞觀) 12년(638)에 불법(佛法)을 구하러 당나라에 들어가 종남산(終南山) 운제사(雲際寺) 문수보살상 앞에서 부지런히 정진하였더니 하루는 문수보살이 범승(梵僧, 인도의 승려)으로 화(化)하여 비라금점 가사(緋羅金點袈裟) 한 벌과 전신사리(全身舍利) 백장(百杖)과 불두골(佛頭骨), 지절(指節), 염주, 경전 등을 자장에게 주면서 말하기를 이것은 본사(本師) 석가여래께서 친히 입으셨던 가사와 진신사리와 불두골 등 부처님의 유물인데 그대에게 부탁하니(付囑) 받들어 가지라 하여 얼마 후 자장이 가사와 기타 성물(聖物)들을 가지고

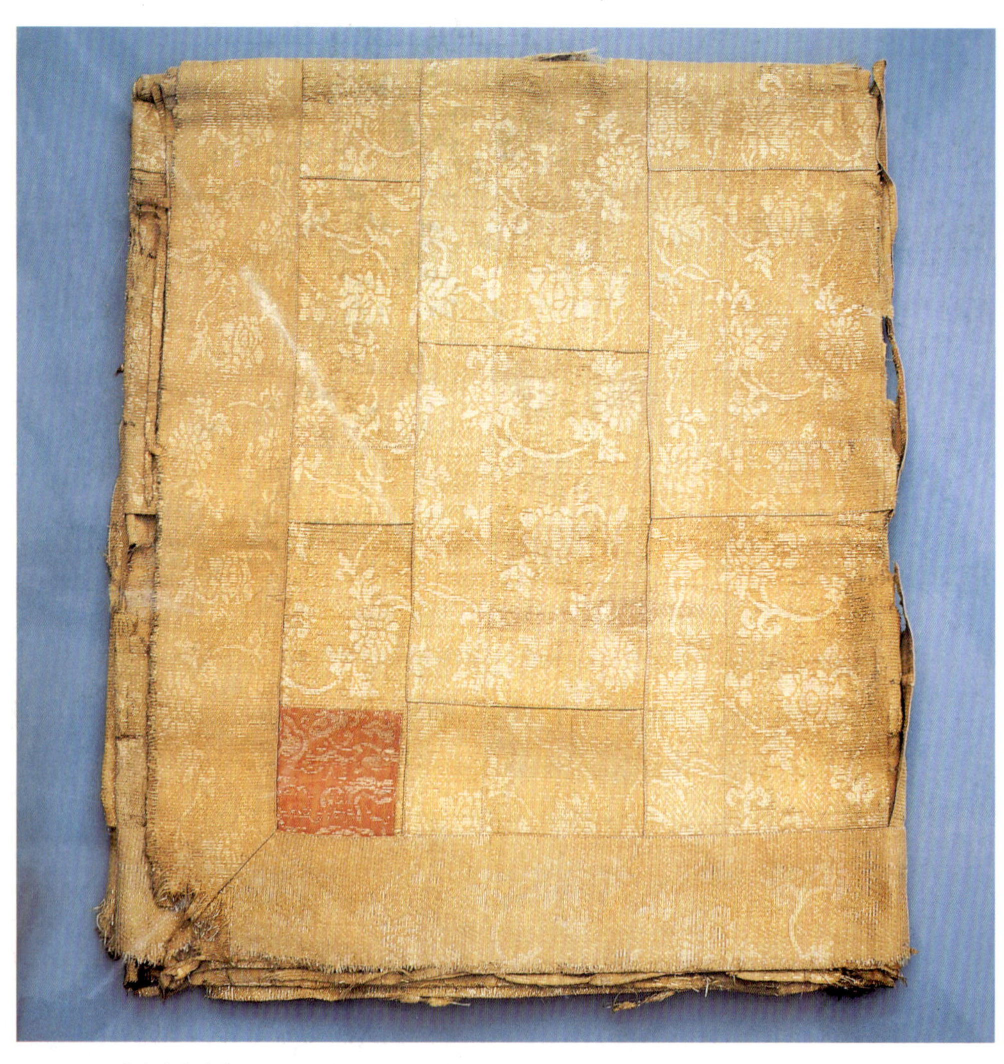

석가여래 가사　　붉은 빛이 도는 황색 비단에 꽃 문양이 문직되어 있다. 가사의 네 귀퉁이에는 꽃 문양이 문직된 홍색의 사각형 천(첩)이 부착되어있으나 천(天) 자와 왕(王) 자의 수는 없다.

귀국하여 통도사를 세워 사리와 가사를 봉안했다"라고 기록되어 있다.

이상의 기록에서 보면 석가의 가사는 비라금점 가사로 비단에 금점(金點)이 있는 가사로 묘사되어 있다. 현재 통도사에 소장되어 있는 가사는 붉은 빛이 도는 황색 비단에 꽃 문양이 문직되어 있다. 가사의 네 귀퉁이에는 꽃 문양이 문직된 홍색의 사각형 천(첩)이 부착되어 있으나 천(天) 자와 왕(王) 자의 수(繡)는 없다.

자장 율사 가사

자장 율사 가사는 황색 비단 바탕에 구름 문양(雲紋)으로 되어 있으며, 가사의 크기는 길이 243센티미터, 폭 84센티미터의 25조 4장 1단의 대가사이다. 가사는 첩상 가사(貼相袈裟)로 첩(貼)에는 하늘색 바탕에 옴(ॐ) 자를 금색과 흰색으로 수놓았다. 가사 네 귀퉁이에는 청금은점(靑錦銀點) 천 5×5센티미터에 옴 자를 연꽃 위에 올려 놓은 모습으로 정교하게 수를 놓았다. 가사의 착장구는 끈 대신 동제(銅製) 빗장 장식을 사용하였다. 빗장 장식의 정면에는 불로초와 연화문이 새겨져 있다.

희랑 조사 가사

희랑 조사(希郞祖師)의 상(像)은 목조상(木造像)으로 경상남도 해인사에 있다. 법복으로는 직령교임식(直領交袵式) 포(袍) 위에 편단우견으로 대가사를 입고 있다. 가사는 홍색 바탕에 녹색으로 조첩(條葉)을 한 홍록 첩상 가사(紅綠貼相袈裟)이며, 가사의 안이 녹색인 것으로 보아 겹가사이다. 목조상을 옆면에서 보면 조사(祖師)가 입는 가사가 4장 1단으로 된 대가사임을 알 수 있다. 편단우견으로 걸친 어깨에는 가사를 고정시키는 띠를 앞에서 매듭으로 묶었고 뒤에는 둥근 고리에 장식적인 이중 술이 달려 있다.

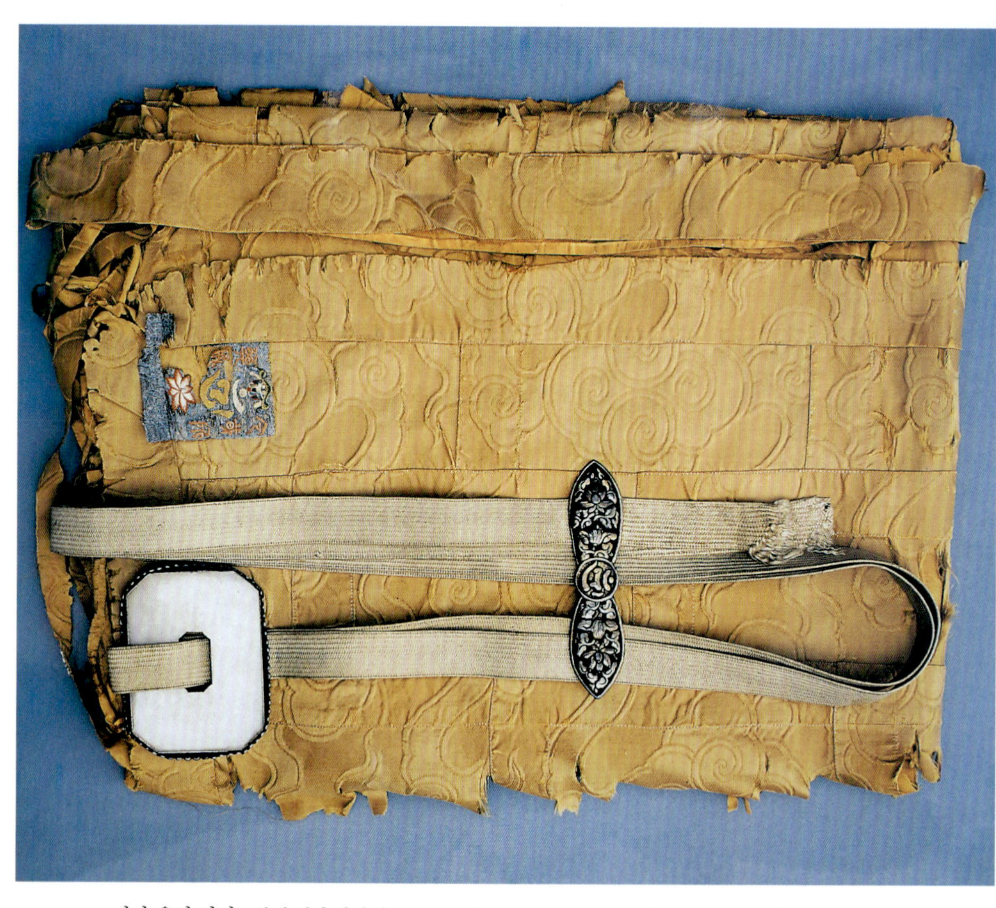

자장 율사 가사 황색 비단 바탕에 구름 문양으로 되어 있으며 대가사이다. 가사의 착장구는 끈 대신 동제 빗장 장식을 사용하였다. 빗장 장식의 정면에는 불로초와 연화문이 새겨져 있다.

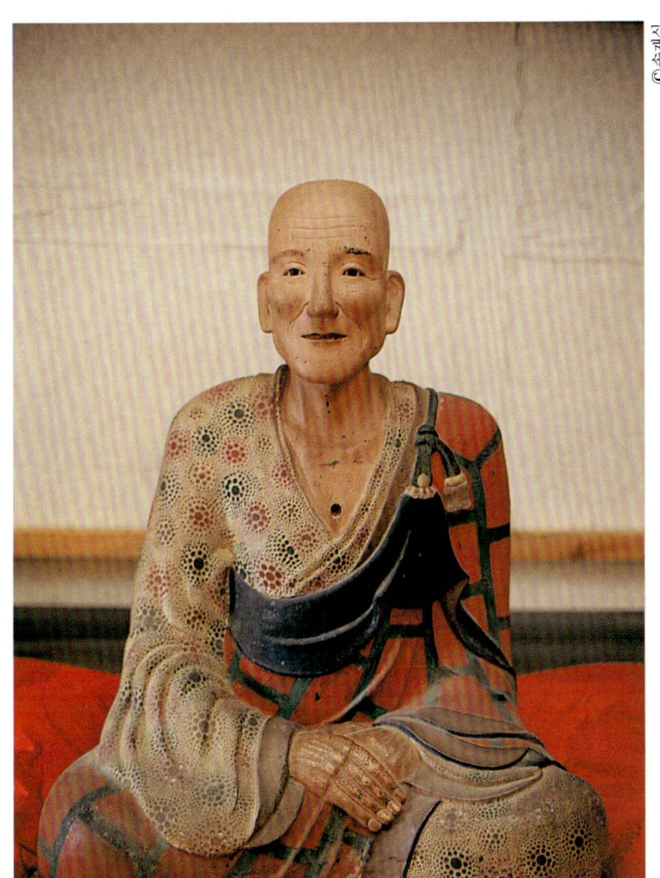

희랑 조사상 직령교임식 포 위에 편단우견으로 대가사를 입고 있다. 편단우견으로 걸친 어깨에는 가사를 고정시키는 띠를 앞에서 매듭으로 묶었고 뒤에는 둥근 고리에 장식적인 이중 술이 달려 있다.

고려시대의 가사

고려시대에는 집권적인 봉건제도가 정비되어감에 따라 승려에 대한 존호(尊號), 법계(法階)와 승과(僧科)의 제도가 확립되었다. 고려의 광종(光宗) 대(代)에 오면 왕사, 국사의 제도와 법계가 정해지고 또 문관 시험인 과거와 병행하여 승과의 제도가 창설되었다. 승과에는 교종선(敎宗選, 교종 승려의 시험)과 선종선(禪宗選, 선종 승려의 시험)이 있었으며 여기에 합격한 사람에게는 다같이 대선(大選)이란 초급 법계(初級法階)를 수여하고, 대선에서 점차로 승진하여 대덕(大德), 대사(大師), 중대사(重大師), 삼중대사(三重大師)의 법계까지는 교종, 선종의 구별이 없으나 그 이상의 법계는 엄연한 구별이 있어, 교종 계통의 승려에게는 수좌(首座) 또는 승통(僧統)의 호를 주고, 선종 계통의 승려에는 선사(禪師) 또는 대선사(大禪師)의 호를 주었다.

교종: 대선→대덕→대사→중대사→삼중대사→수좌→승통,
선종 : 대선→대덕→대사→중대사→삼중대사→선사→대선사

고려시대는 법계(法階, 승직제도에서의 지위 서열)에 따라 차등을 두어 가사를 구분하여 착용하였다. 가사의 종류에 출수납 가사(出水衲袈裟), 마납 가사(磨衲袈裟), 불명호수 가사(佛名號繡袈裟), 만수 가사(滿繡袈裟), 자황 첩상 가사(紫黃貼相袈裟), 황색 5조 가사(黃色五條袈裟), 괴색 5조 가사(壞色五條袈裟)가 있는데 이는 크게 단일색 가사, 첩상 가사, 수가사로 구분된다. 가사의 부착물로는 일월과 천왕의 수(繡)가 있다.

중국 송나라의 서긍(徐兢)이 1123년(인종 1) 고려 송도에 사신으로 왔다가

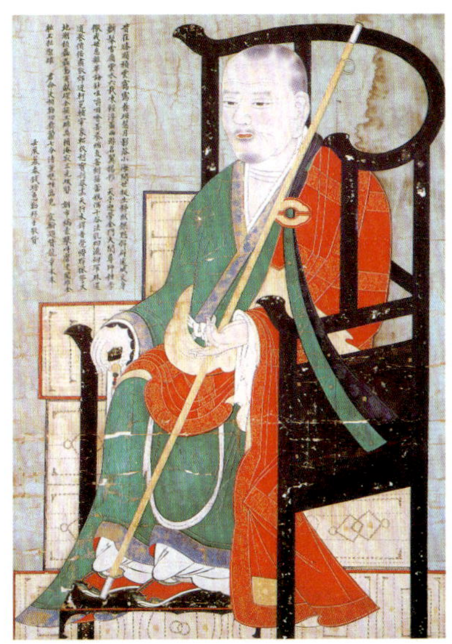

대각 국사 의천 진영

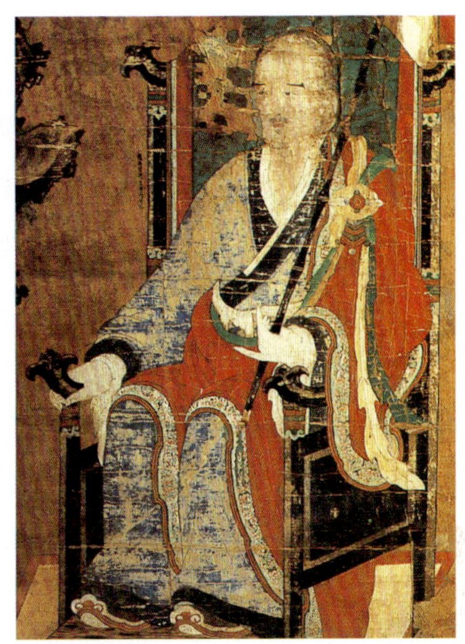

각진 국사 복구 진영

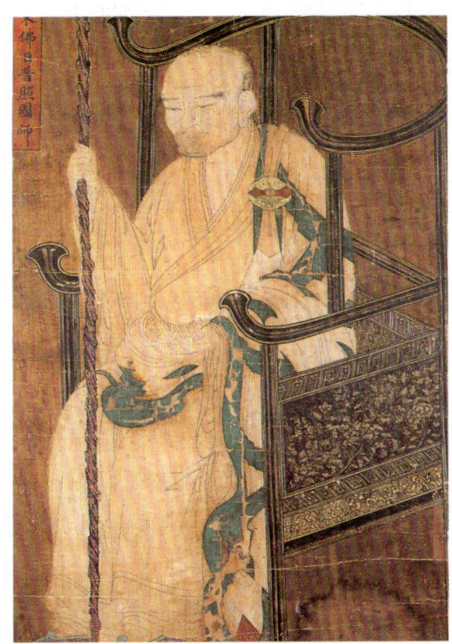

보조 국사 지눌 진영

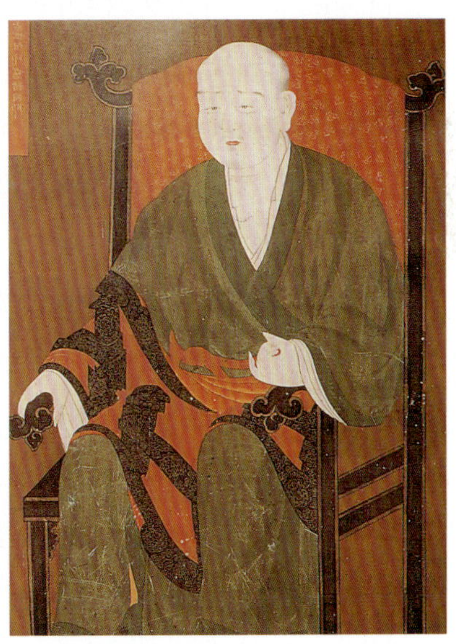

자정 국사 일인 진영

보고 들은 것을 기록한 책인 『선화봉사고려도경(宣和奉使高麗圖經)』에 가사에 대하여 기술하고 있다. 제18권에 의하면 왕사(王師)와 국사(國師)는 산수납 가사(山水衲袈裟, 宋代 禪僧의 옷. 능직 비단으로 만들고 여기에 꽃무늬를 수놓음)와 긴 소매의 편삼(長袖偏衫, 가사 밑에 입는 소매가 긴 저고리)과 금발차(金跋遮)를 착용하고, 아래에는 자상(紫裳)을 입고 검은 가죽에 방울이 달린 신발(烏革鈴履)을 신었다. 방울 달린 신발은 승려들이 걸어다닐 때 신분을 알림으로써 여러 가지 유혹에서 벗어날 수 있는 역할을 하였다.

삼중화상대사(三重和尙大師)는 율사(律師)로서 불교의 교리에 통달한 고승을 말한다. 자황 첩상 복전 가사(紫黃貼相福田袈裟)와 긴 소매의 편삼(長袖偏衫)에 자상(紫裳)을 입었다. 자황 첩상 복전 가사란 자색 바탕의 가사에 황색 천으로 복전상(福田相) 즉 조와 제를 표시한 것 같다.

아사리대덕(阿闍梨大德)은 삼중화상 아래에 속하는 승려로 교문(校門)의 직무를 분담한다. 복식으로는 짧은 소매의 편삼(短袖偏衫)과 괴색 괘의 오조(壞色掛衣五條)에 황상(黃裳)을 입었다. 짧은 소매의 편삼은 승려의 일상복을 말하며, 괴색 괘의 오조란 5조 가사인데 일할 때 간편히 하기 위해 목에 걸어 드리웠던 약식(略式) 가사를 말한다.

사미비구(沙彌比丘)는 어려서부터 출가한 비구승으로 첩상(貼相)이 없는 괴색 포의(壞色布衣)를 입고 계율이 높아지면 비로소 자복(紫服)으로 바꾸고 차례에 따라 옮겨지고 올라가고 한 뒤에야 납의(衲衣)를 입는다. 대체로 고려승(高麗僧)은 마납(磨衲, 고려 특산의 직물로 만든 가사)을 최고(最高)로 여긴다고 되어 있다. 이를 통해 고려의 승복은 편삼(偏衫)·상(裳)·가사(袈裟)가 일습(一襲)이었음을 알 수 있고, 대덕 이상만이 마납 가사를 입었던 것을 알 수 있다.

재가화상(在家和尙)은 비구승과 같은 계율을 갖고 있지 않았으며 처자를 거

느리고 노동에 종사하였다. 가사를 입지 않고 백저착의(白紵窄衣, 흰 모시의 좁은 옷)에 검은 비단 허리띠를 매었다. 백저착의는 일반 서민들이 입었던 옷이다.

조첩을 한 첩상 가사 유품은 볼 수 없으나, 국사급에서 조첩을 한 가사(貼相袈裟)가 많이 착용되었음을 초상화를 통해 잘 알 수 있다. 고려시대 가사 유물로는 대각 국사 가사와 보조 국사 가사가 있으며, 많은 고승들의 초상화가 남아 있다.

대각 국사 가사

전라남도 순천시 승주읍 선암사에 소장되어 있다. 가사의 뒷면에 기록된 묵서명(墨書銘)에 '高麗宣宗大王賜于大覺國師 北宋元祐二年丁卯'라 되어 있어 1087년에 고려 13대 선종이 대각 국사(1055~1101년)에게 사여(賜與)한 것이며, 이 가사를 대각 국사 금란가사(金襴袈裟)라고 부른다.

가사의 크기는 227×60센티미터에 25조 4장 1단의 대가사로서 대홍색 비단 바탕의 장방형의 장·단(長·短)에 황색실로 1단(一段) 즉 상단(上段)에는 불(佛)의 명호(名號), 2단(二段)과 3단(三段)에는 보살(菩薩), 4단(四段)에는 불경(佛經), 5단(五段) 즉 하단(下段)에는 존자(尊子)의 명호(名號)를 평수(平繡)로 정교하고 세밀하게 수놓은 수가사(繡袈裟)이다. 자세한 불·보살·경전·존자의 명칭은 다음 표와 같다(56쪽 참조). 그런데 4단의 경전 중 보적경(普績經)은 寶績經을 잘못 수놓은 것으로 보인다.

가사는 궁중에서 큰 발원을 세우고 한편으로는 국사의 공로를 치하하기 위해 만든 최고의 정성을 쏟은 가사일 것이다. 가사 네 귀퉁이에 사방 2센티미터의 청색 비단 바탕에 천(天), 왕(王)이 홍색 실로 수놓여 있으며 가사의 중앙선인 주폭에서 왼쪽으로 두 조(條) 건너 2단(二段)과 3단(三段)에 장방형 4×9.5센티

표 3. 대각 국사 가사 앞면 불 · 보살 · 경전 · 존자 위치와 명칭

(앞면 왼쪽)

阿閦佛	須彌頂佛	師子相佛	獅子音佛	虛空住	常滅佛	常相佛	常林佛	空王佛	熾盛光佛
月空菩薩	高威德菩薩	無畏自在菩薩	大樂說菩薩	無優慧菩薩	寂照菩薩	善明菩薩	不退輪菩薩	虛空進菩薩	消災菩薩
月花菩薩	高王見菩薩	無憂空菩薩	大辯說菩薩	無憂樂菩薩	寂謹菩薩	善慧菩薩	不退變菩薩	虛空慧菩薩	息災菩薩
大寂經羅尼	尊勝多	長壽經羅尼	緻盖多	圓寂經	佛頂經	法華經	佛名經	楞伽經	普積經
斯多尊子	島勒那尊子	難提尊子	槃頭尊子	鳩摩羅尊子	難提尊子	摩羅尊子	富那耶尊子	伏駄密多尊子	婆須密尊子

(앞면 오른쪽)

藥師佛	盧舍那佛	釋迦如來	毘盧遮那佛	彌勒佛	金剛堅固佛	不動尊佛	無量壽佛	壞怖畏佛	雲自在王佛	雲自在佛	檀樹神通佛	須彌相佛	度世間苦惱佛	阿彌陀佛
三足烏菩薩	金剛藏菩薩	彌勒菩薩	文殊菩薩	法相菩薩	金剛王菩薩	離戲菩薩	慧相菩薩	慈悲菩薩	妙香菩薩	進趣依菩薩	香自在王菩薩	喜捨菩薩	寶相菩薩	觀世音菩薩
토끼菩薩	虛空藏菩薩	竭羅菩薩	普賢菩薩	法林菩薩	除障碍菩薩	遍耀菩薩	無憂菩薩	喜見菩薩	妙相菩薩	寶積菩薩	香花自在菩薩	歡喜菩薩	大威德菩薩	大勢至菩薩
金剛經	維摩經	華嚴經	圓覺經	楞嚴經	密多心經	淨名經	面燃經	涅槃經	西方引化經	上生經	恩重經	隨求多羅尼	大悲多羅尼	阿彌陀經
提多迦尊子	和修尊子	迦葉尊子	阿難尊子	毱多尊子	彌遮迦尊子	弗駄難提尊子	協尊子	馬鳴大王	龍樹大士	羅睺羅尊子	伽耶尊子	闍耶多尊子	摩拏羅尊子	獅子尊子

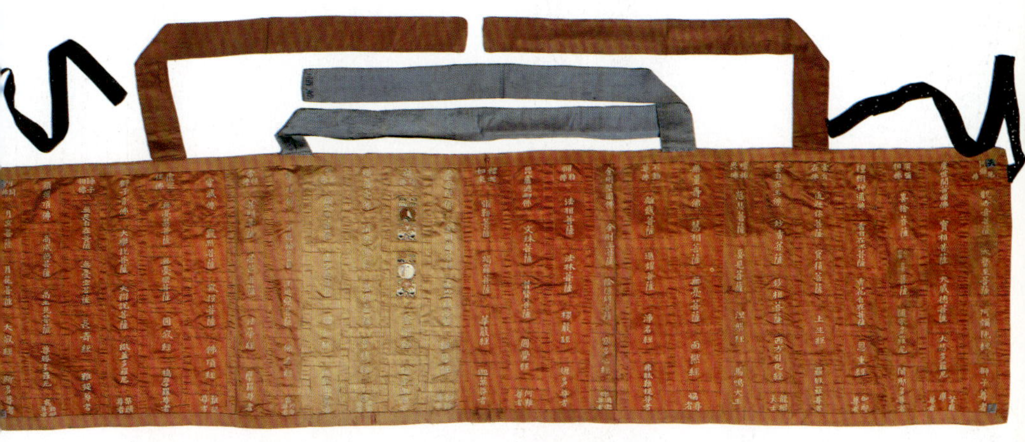

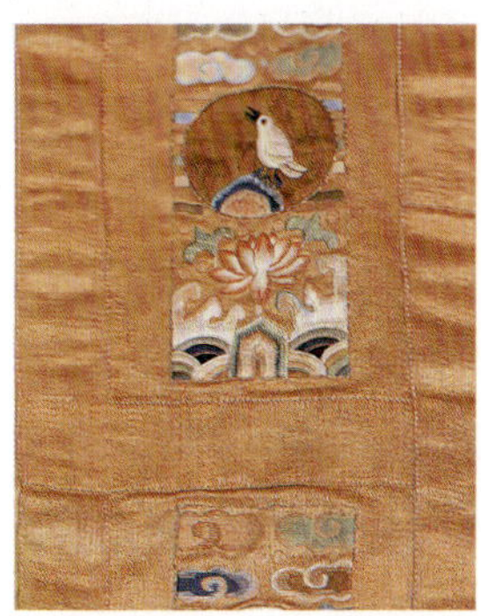
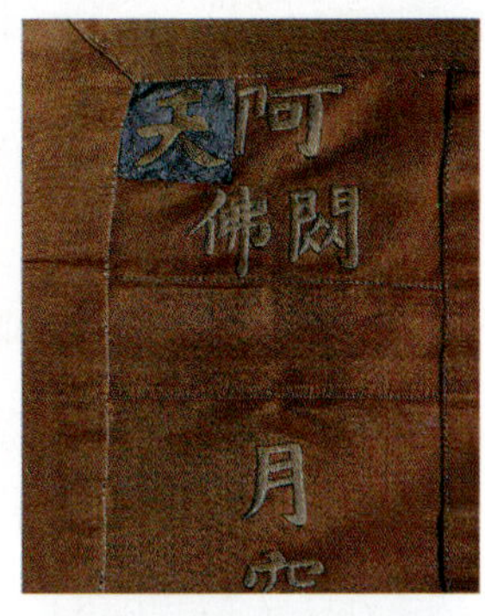

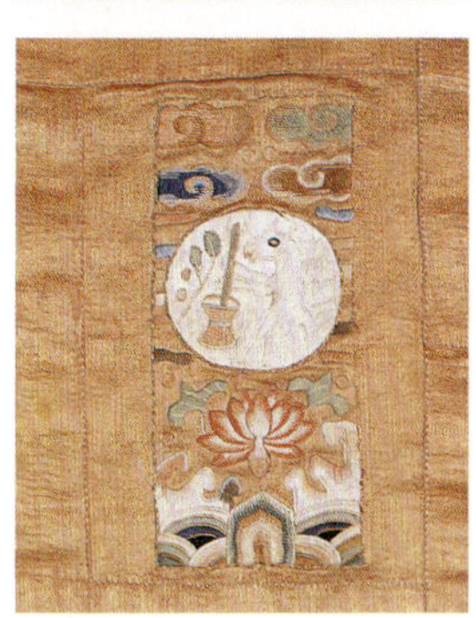
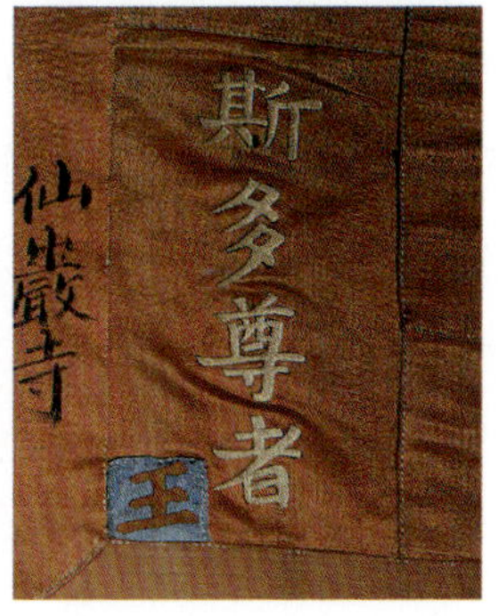

대각 국사 금란가사 궁중에서 큰 발원을 세우고 한편으로는 국사의 공로를 치하하기 위해 최고의 정성을 쏟아 만든 가사일 것이다. 대홍색 비단 바탕의 부처님과 보살, 불경과 존자의 명호를 평수로 정교하고 세밀하게 수놓은 수가사이다(맨 위). 가사의 중앙선인 주폭에서 왼쪽으로 두 조 건너 2단과 3단에 홍색 비단 바탕 위에 방형(方形)의 수판에 일·월을 표시하는 삼족오와 토끼가 수놓아져 있으며(왼쪽 위, 아래), 가사 네 귀퉁이에는 청색 비단 바탕 위에 천(天), 왕(王)이 홍색 실로 수놓여 있다(오른쪽 위, 아래).

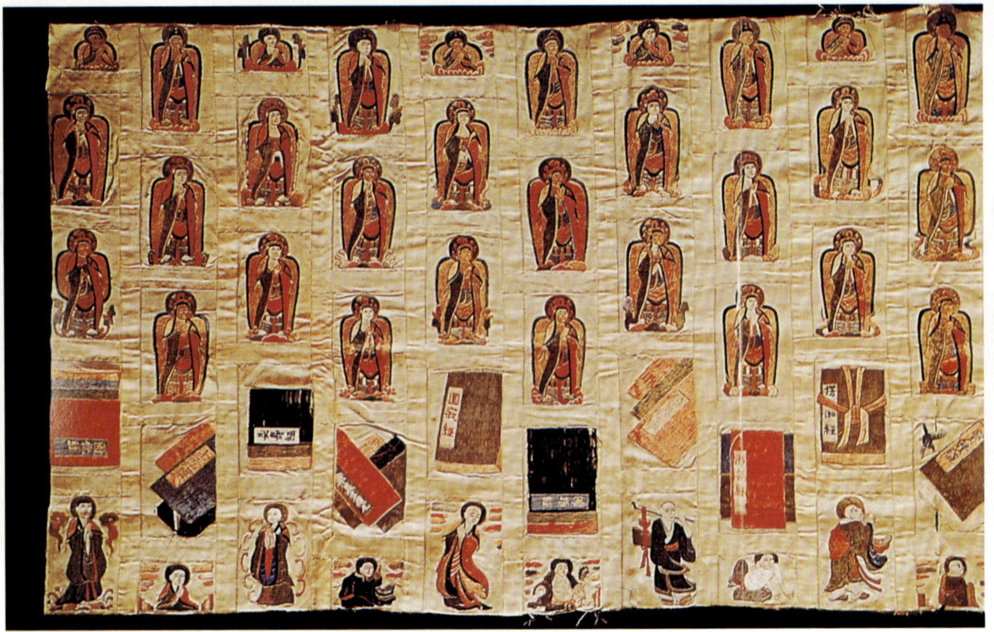

수가사 대각 국사 가사는 문자로 되어 있는 데 비해 이 가사는 그림으로 나열되어 있다. 경전명으로 인해 두 가사가 똑같다는 사실을 알게 되었다. 한국자수박물관 소장.

미터 크기의 홍색 비단 바탕에 방형(方形)의 수판에 일(日)·월(月)을 표시하는 삼족오(三足烏)와 토끼, 그리고 그 주위를 여러 색실로 구름문과 산봉우리를 수 놓은 것이 위아래에 한 쌍 달려 있다. 영자(纓子) 즉 끈은 장식적이며, 위쪽에 네 개, 양쪽에 한 개씩 모두 여섯 개가 부착되어 있다.

대각 국사 가사의 것과 비슷한 것으로 한국자수박물관 소장의 수가사가 있 다. 이 가사는 대각 국사의 것과 제식(制式)이 똑같으나 대각 국사 가사는 문자 (文字)로 되어 있는 데 비해 이 가사는 그림으로 나열되어 있다는 것이 다를 뿐, 경전명(經典名)으로 인해 똑같다는 사실을 알게 되었다.

자수박물관 소장의 수가사는 1단(一段) 즉 상단(上段)에는 25불상을 좌상(座 像) 하나에 입상(立像) 하나를 교차시켜 좌상 13불과 입상 12불을 배치하고, 좌상과 입상의 밑부분에 아름답고 고귀한 연화문(蓮華紋)으로 받들어 구성하고 있으면서 청·적·황·백·흑색을 우아하고 아름다운 배색으로 변화와 조화를 이루면서 평수, 자련수로 수놓아져 있다. 2단(二段)과 3단(三段)에는 보살(菩薩)의 입상 25상이 배치되어 있는 것이 다를 뿐 다른 부분은 1단과 비슷하다. 4단(四段)에는 25개의 경전을 배치하여 경전명과 함께 수놓고 있다. 5단(五段) 즉 하단에는 존자상(尊者像)을 단(短)에는 좌상(座像)과 장(長)에는 입상(立像)을 교차하면서 중앙선의 주축을 중심으로 입상의 모습을 좌우에서 중앙을 향하게 대칭적으로 구도를 잡아 조화를 이루었다. 가사에는 영자가 위쪽에 홍색과 녹색이 각각 양쪽으로 두 개씩 있으며 가사 양쪽으로는 녹색이 하나씩 부착되어 있다.

보조 국사 가사

조계종의 중흥조(中興祖)인 보조 국사(普照國師, 1158~1210년) 지눌(知訥)의 가사는 『조선고적도보』를 보면 9조 2장 1단으로 되어 있고, 장이나 단에 산수화가 있는 것을 볼 수 있다. 실물의 가사를 보면 산수화가 수놓아져 있고 가사의 색은 푸른색이었다 한다. 그런데 가사는 한국전쟁 때 불타 없어져서 현재 실물은 볼 수가 없다.

보조 국사 가사　푸른색이었다는 가사는 한국전쟁 때 불타 없어져서 현재는 사진으로만 남아 있다.

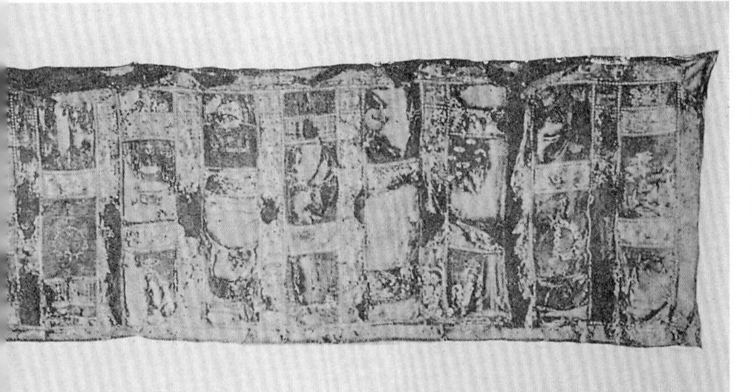

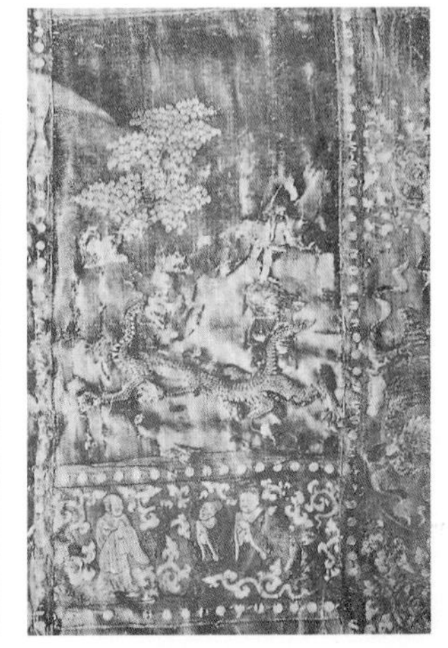

조선시대의 가사

조선시대는 외적으로는 불교가 사양의 길을 걸었지만, 오랫동안 민중 속에 깊이 박혀 있던 사상적인 측면은 오히려 내적으로 더 견고해지는 계기가 되었다. 이 시대의 가사에는 고려시대와는 달리 법계(法階)에 의한 차등이 뚜렷하게 나타나 있지 않다.

조선시대의 가사는 치수에 관계없이 단일색 가사로서, 고려의 수가사에 비해 문양이 다양하게 발달되어 있다는 것이 특징이다. 초기에는 대홍라 가사(大紅羅袈裟)에 장식을 초록라(草綠羅)로, 자라 오조 가사(紫羅五條袈裟)에 장식을 아청라(鴉青羅)로 하였으며, 중기에는 문양이 다양해져 황라 금점 가사(黃羅金點袈裟)에 팔보 문양(八寶紋樣), 금란가사(金襴袈裟)에 칠보 문양(七寶紋樣), 홍색 가사에 포도 문양(葡萄紋樣), 주황색 은점 가사(朱黃色銀點袈裟)에 모란당초 문양(牧丹唐草紋樣) 등이 나타나 있다. 가사의 형태는 홑가사와 겹가사로 구분된다. 부착물은 日(일) 자와 月(월) 자의 수판(繡板)이 방형(方形)에서 원형(圓形)으로 바뀌게 되고, 일은 삼족오(三足烏)가 이족오(二足烏)로 표현된 경우도 있다. 착장 방법은 끈이 장식적인 면에 치중하여 두세 가지 색으로 되어 있다. 특히 녹·홍·자·황·청색 등의 오정색이나 간색을 사용하였다.

이 시대 가사 유품으로는 서산 대사, 사명 대사, 벽암 대사의 가사가 있으며, 많은 고승들의 초상화가 있다.

서산 대사 가사

서산 대사(1520~1604년)는 선조 37년(1604)에 입멸(入滅)하였으며, 유품(遺品)으로 금란가사와 발우(鉢盂) 등이 사리 부도(舍利浮屠)와 함께 전남 대흥사

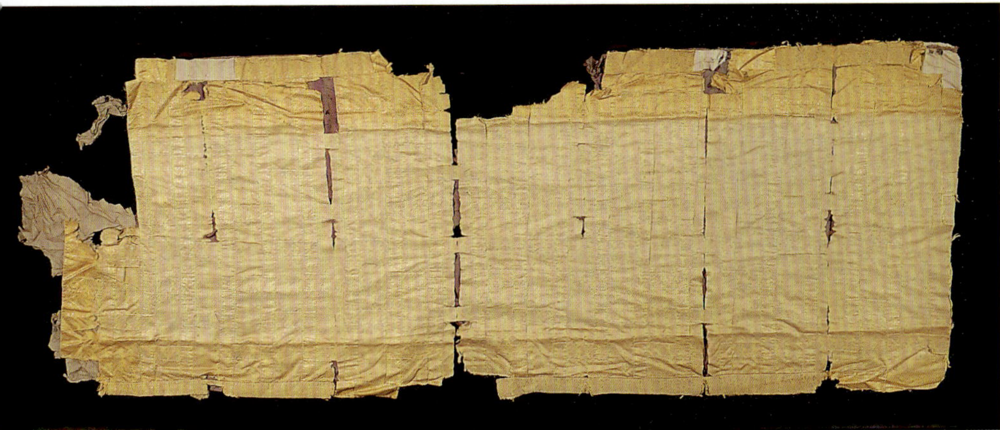

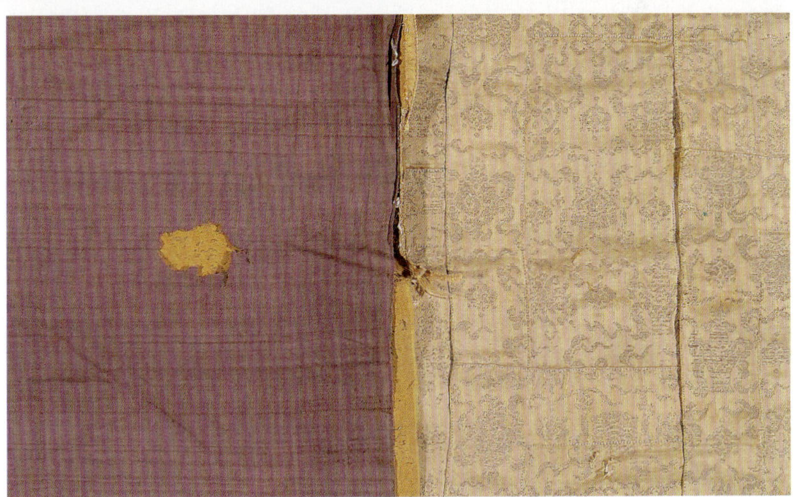

서산 대사 가사　선조 대왕이 하사한 대가사로, 황금색 비단 바탕에 금사로 팔보 문양을 수놓았으며, 안감은 자색 명주를 사용한 겹가사로 첩이 없다. 불교에서 가장 높은 색이 황금색이므로 장복에서 온 문양인 일·월 등을 첨가하지 않은 것으로 추측된다. 불빛에 바래 색이 많이 퇴색되었으나, 안으로 접혀 있는 부분은 선명한 황금색이고 팔보 문양도 아주 또렷하게 남아 있다.

에 봉안되어 있다.

현존하는 금란가사로는 서산 대사의 금란가사 외에 신라 선덕 여왕이 자장에게 하사한 금란가사, 사명당 유정(惟政)의 금란가사(중요민속자료 제29호)가 있다. 고려 대각 국사 의천(義天)도 금란가사를 입었다고 전하고 있다.

선조 대왕이 하사한 서산 대사 가사의 크기는 261×94센티미터고, 23조 4장(長) 1단(短)의 대가사(大袈裟)이다. 황금색 비단 바탕에 금사(金絲)로 팔보(八寶) 문양을 수놓은 가사이며, 안감은 자색 명주를 사용한 겹가사로 첩이 없다. 이는 황색이 오행상으로 보아 중앙(中央)의 토(土)를 가르치므로 중국의 용포(龍袍)가 황색(黃色)이며 불교에서 가장 높은 색이 황금색이므로 장복(章服)에서 온 문양(紋樣)인 일·월 등을 첨가하지 않은 것으로 추측된다. 황금색도 진열로 인해 불빛에 바래 색이 많이 퇴색되었으나, 안으로 접혀진 부분은 아주 선명한 황금색을 띠고 있었다. 팔보 문양도 아주 또렷하게 남아 있다.

팔보 문양은 불교에서는 복이나 덕을 초래하는 의미로 다음과 같은 의미로 사용되었다.

법라(法螺) 붓다의 설법이 널리 대중에게 미친다는 비유. 인도에서는 사람을 모이게 할 때 소라를 불었다. 붓다의 설법이 당당하고 번성한 모양을 소라를 부는 것에 비유해서 법라라고 했다.

법륜(法輪) 붓다가 말한 정법(政法)이 탈 없이 수레처럼 돌고 돌아 끊이지 않는다는 뜻이다. 붓다의 가르침을 전륜성왕(轉輪聖王)이 가지고 있는 윤보(輪寶)에 비유한 말이다.

보산(寶傘) 불설(佛說)에 마음을 마음대로 열고 닫음을 보산에 비유하였다. 보산이란 보살이나 국왕, 법사의 높은 자리 위에 단 일산 모양의 물건이다.

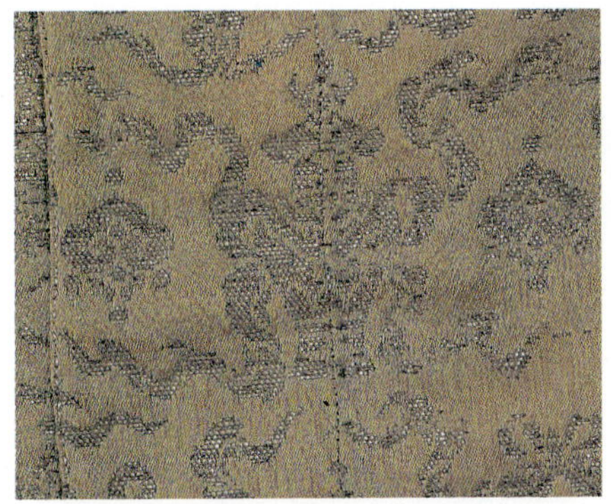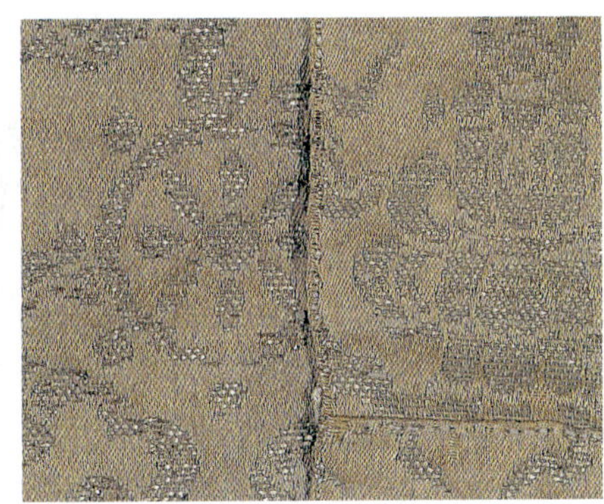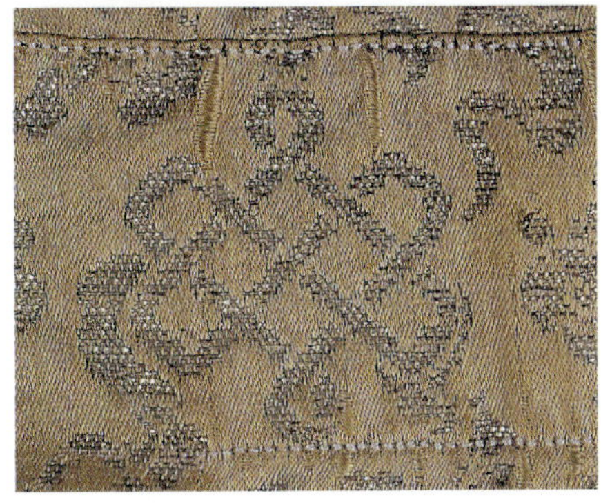

팔보 문양 불교에서는 복이나 덕을 초래하는 의미로 다음과 같은 의미로 사용되었다. 보병(위 왼쪽), 법륜(위 오른쪽), 반장(아래).

보병(寶瓶) 복과 지혜가 병(瓶)에 담긴다는 뜻이다.

백개(白蓋) 하얀 천개란 뜻으로 고통(苦)에 시달리는 중생을 덮는 의미이다.

연화(蓮花) 오탁(五濁) 즉 색(色)·수(受)·상(想)·행(行)·식(識)에서도 깨끗이 피는 연화를 상징한다.

금어(金魚) 흐트러지거나 불에 타지 않는 의미이다.

반장(盤長) 돌고 미치는 것이 시종(始終) 같다는 것이다.

현재 이 가사는 긴 세월 속에서 노후(老朽)되어 가사의 크기가 240×94센티미터로 가사 한쪽 끝의 2조(二條)와 연이 떨어지고 없어서, 21조 가사로 오인하기 쉽다. 가사 한쪽 끝의 2조와 연이 없는 것은 겹가사로 안감인 자색 명주는 남아 있으나 겉감이 없어진 것으로 보아서도 입증된다 하겠다. 따라서 서산 대사의 가사는 23조 4장 1단 가사임에 틀림이 없다. 그것은 가사의 중앙선인 주폭에서 보면 우폭 11조, 좌폭 9조, 주폭 1조로 얼핏 보면 21조로 보이나 현존하는 한국의 가사는 주폭을 중심으로 좌우 대칭을 이루고 있기 때문에 2조(二條)가 떨어져 없어진 것을 알 수 있다.

실물인 대흥사 소장의 서산 대사 가사는 황금색이나 대흥사와 통도사에 소장되어 있는 서산 대사의 진영도(眞影圖) 모습에는 모두 첩상이 있는 홍색 가사로 그려져 있다.

사명 대사 가사

사명 대사(1544~1610년)의 가사와 장삼은 표충사(表忠寺)에 보관되어 있으며 가사와 장삼은 중요민속자료 29호로 문화재로 지정되어 있다. 현재는 가사가 너무 삭아서 형태를 잘 알아볼 수 없을 정도로 되어 있다. 밀봉 상태이므로 유리 밖에서만 볼 수 있다.

가사는 황색 비단 바탕에 칠보문(七寶紋)이 있는 금란가사이며 25조 4장 1단의 홑가사로 첩이 없으며, 크기는 256×84센티미터이다. 착장구로는 당초 문양이 음각된 은제품이 남아 있다.

칠보문이란 윤보(輪寶), 상보(象寶), 마보(馬寶), 주보(珠寶), 여보(女寶), 거사보(居士寶), 주병신보(主兵臣寶)의 일곱 가지 문양이다. 이것은 불교에서 말하는 이상적인 최고의 왕인 전륜성왕이 가지고 있는 보배를 문양화한 것이다.

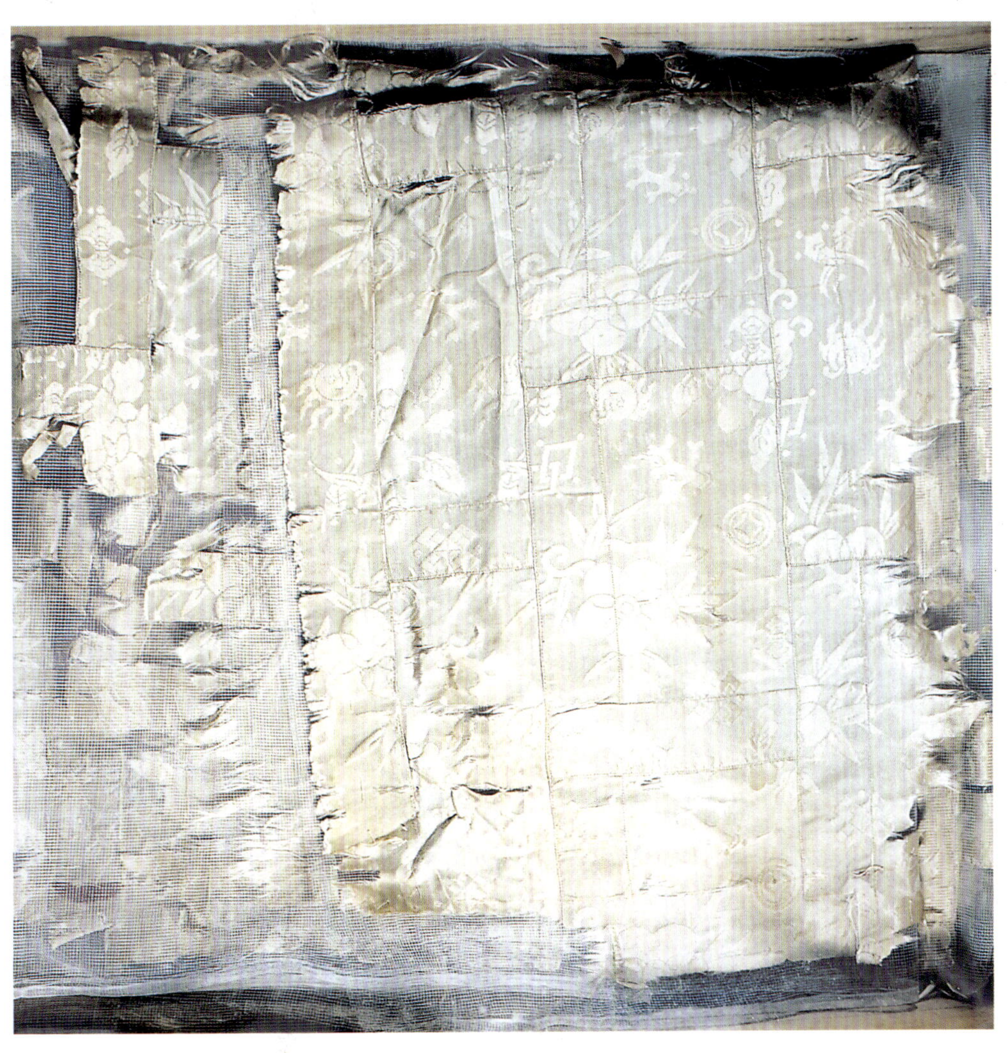

사명 대사 가사　표충사에 보관되어 있는 사명 대사의 가사와 장삼은 중요민속자료 29호로 지정되어 있다. 황색 비단 바탕에 칠보문이 있는 금란가사가 너무 삭아서 형태를 잘 알아볼 수 없을 정도이며, 밀봉 상태이므로 현재는 유리 밖에서만 볼 수 있다.

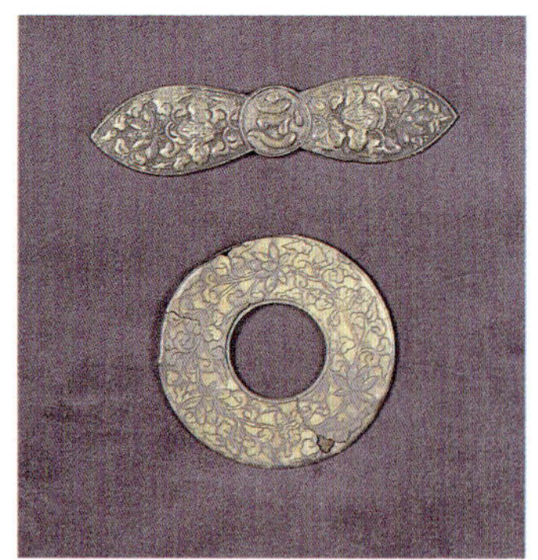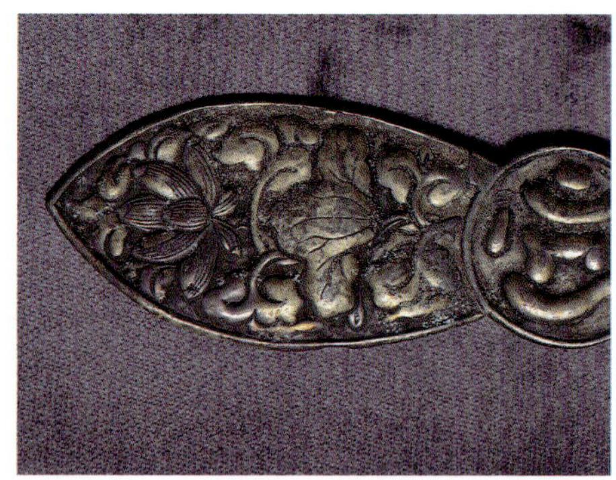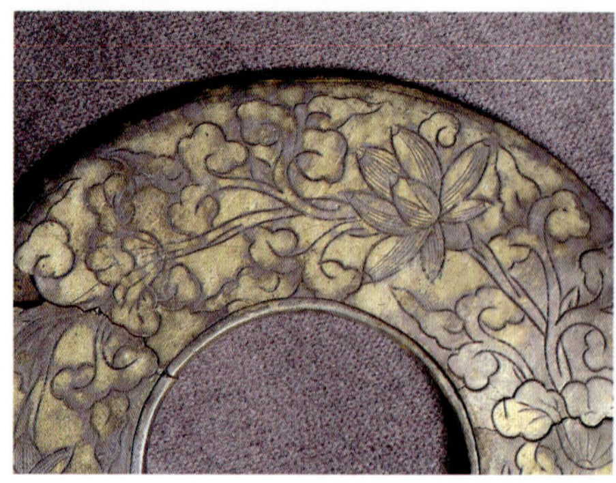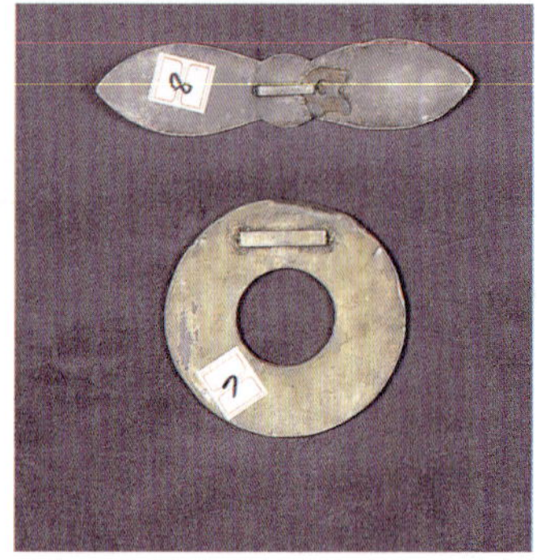

사명 대사 가사의 착장구 황색 비단은 이제 바스라질 듯하지만 당초 문양이 선명한 은제품 착장구는 지금도 사용할 수 있을 만큼 아름답다.

서산 대사 가사

구례 화엄사에 소장되어 있는 서산 대사(1520~1604년) 가사는 홍색 비단 바탕에 포도 문양이 있는 홍색 포도문단 가사(紅色葡萄紋緞袈裟)로서 크기는 237×69센티미터며 25조 4장 1단의 겹대가사이다. 영자는 아청색(鴉靑色)으로 크기 7×83센티미터며 가사 네 귀퉁이에 사방 3.5센티미터 아청색의 천이 부착되어 있는데 천(天)·왕(王)의 수는 없다.

대흥사와 화엄사에 소장되어 있는 서산 대사 가사를 비교해 보면 다음과 같다.

표 4. 대흥사와 화엄사 소장 서산 대사 가사 비교

	대흥사 가사	화엄사 가사
색	황색	홍색
크기	261×94센티미터(23조 4장 1단)	237×69센티미터(25조 4장 1단)
문양	팔보 문양	포도 문양
첩	없음	있음
영자	확실하지 않음	있음

그림 2. 서산 대사 가사 실측도(대흥사 소장)

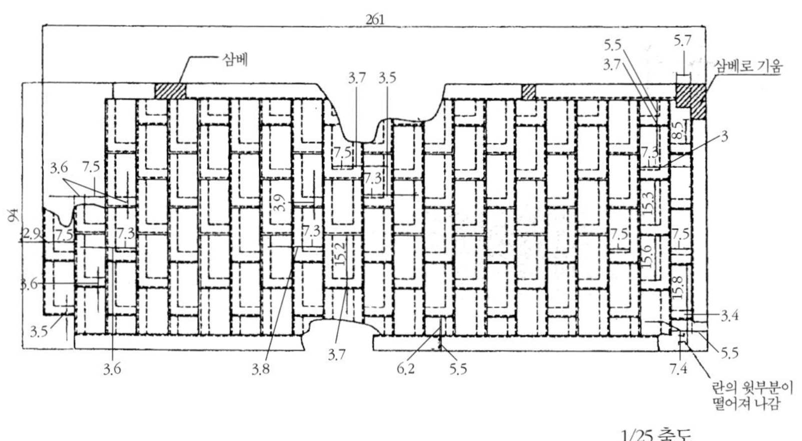

벽암 대사 가사

벽암 대사(1575~1660년)의 가사는 전남 구례 화엄사에 소장되어 있다. 가사의 크기는 232×75센티미터에 19조 3장 1단이고 주황색 비단 바탕에 금사(金絲)로 수놓은 듯 짜인 모란당초 문양(牡丹唐草紋樣)이 있는 주황색 은점 가사(朱黃色銀點袈裟)로 안은 아청색 명주를 댄 겹가사이다. 가사 네 귀퉁이에 옴(ॐ) 자를 수놓았으며 12번째 조에는 장방형의 크기 7.5×14.5센티미터의 홍색 비단에 가장자리에는 금사를 둘렀고 안에는 흰 실로 각각 일(日)에는 이족오(二

足烏), 월(月)에는 토끼를 수놓았다. 그리고 가사 연(緣) 가장자리를 1센티미터 넓이에 덧댄 선을 둘렀는데 이것은 착용시에 마찰에 의해 쉽게 해지는 것을 방지하기 위한 것 같다. 영자는 녹·홍·황 3색(三色)이며 각각 쌍을 이루고 있다.

대한제국 시대의 가사

구한 말의 법의는 초기에는 승려의 법계에 따라 대의(大衣) 색을 제정하여 색상과 무늬의 유무로 등급을 가렸다고 한다. 하지만 일제하에서는 사찰령(寺刹令)에 의해 법계에 따른 의제(衣制)의 체제를 갖추었고, 가사뿐만 아니라 장삼에 대한 색, 재질, 제식(制式)도 함께 정하고 있다. 대한제국시대 승려의 급과 법계에 따라 가사와 장삼의 색, 지질(地質), 제식(制式)을 보면 다음과 같다.

표 5. 대한제국 시대 법계에 따른 법복

종목		법 계				
		대선사 대교사	선사 대덕	중덕	대선	사미
법관		비로관	없음	없음	없음	없음
가사	색	홍	갈황(葛黃)	갈황	황	흑
	지질	유문견주	유문견주	무문견주	무문견주	목면
	제식	9조~25조	9조	7조	오조	만의
장삼	색	자	감청	감청	회	흑
	지질	유문견	무문견	무문견	무문견	목면
	제식	장삼형, 도복(道服)은 뒤에 따로 폭이 있음	장삼형	장삼형	장삼형	장삼형, 소매 폭만 축소됨

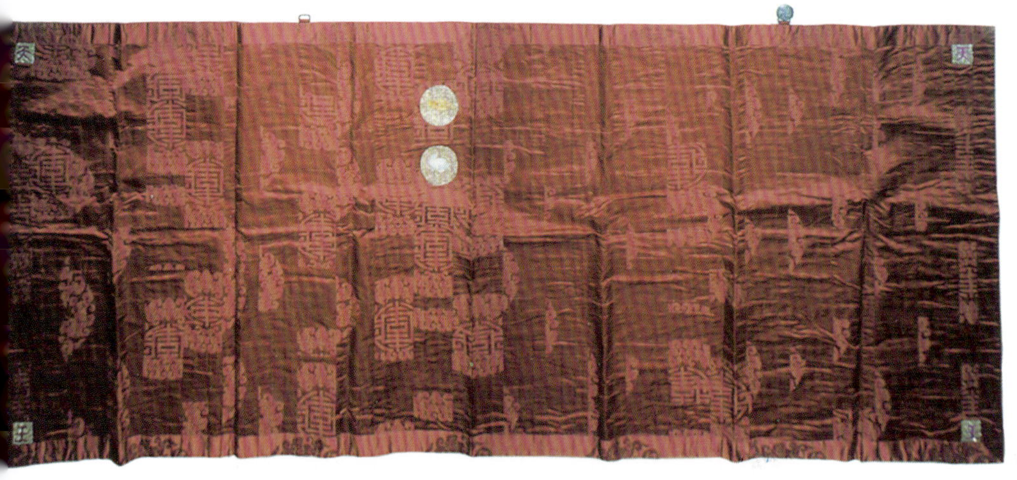

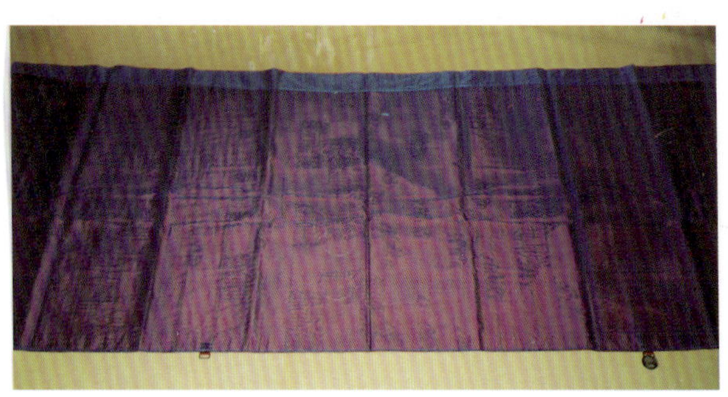

기산 스님 가사 구한 말의 법의는 초기에는 승려의 법계에 따라 대의 색을 제정하여 색상과 무늬의
유무로 등급을 가렸다고 한다. 기산 스님의 가사는 적흑색의 유문견주 가사로 25조의 대가사이다.

기산 스님 가사

기산 스님(1892~1968년)의 가사는 적흑색(赤黑色)의 유문견주(有紋絹紬)

가사로 25조 4장 1단의 대가사이다. 문양은 가사 위에 금사로 짜여진 원형판 두

개가 덧대어져 있는데, 위쪽 원형판 위에는 토끼와 삼족오가 수놓아져 있다.

네 개의 첩은 금사 바탕에 적색으로 위에는 천(天), 아래는 왕(王)이 수놓아

져 있다. 착장구는 만자 문양이 새겨진 은으로 된 고리로 되어 있다.

그림 3. 기산 스님 가사 실측도

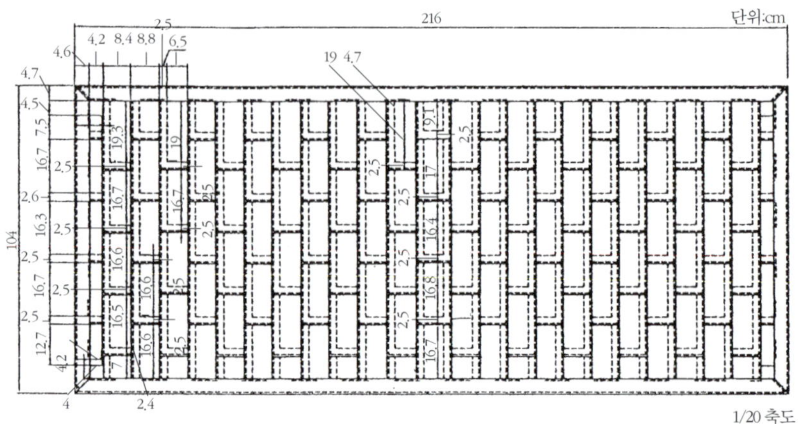

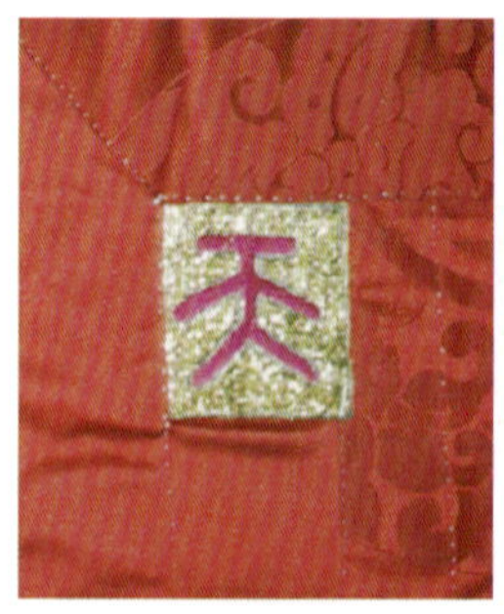

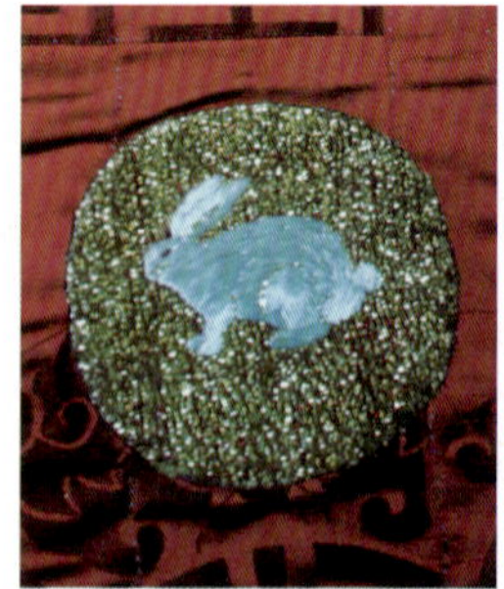

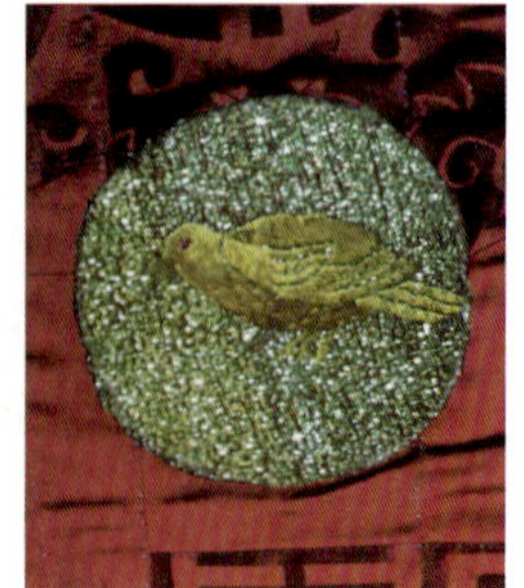

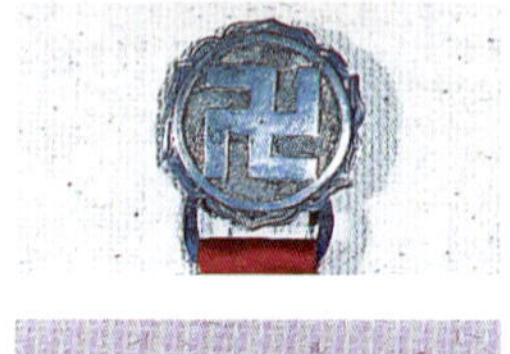

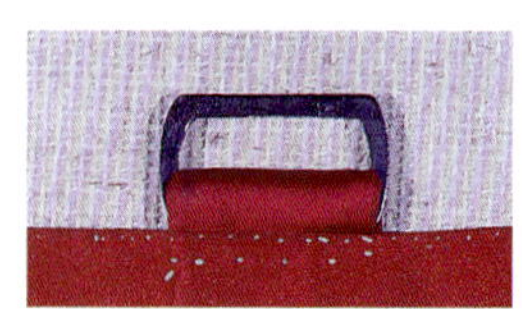

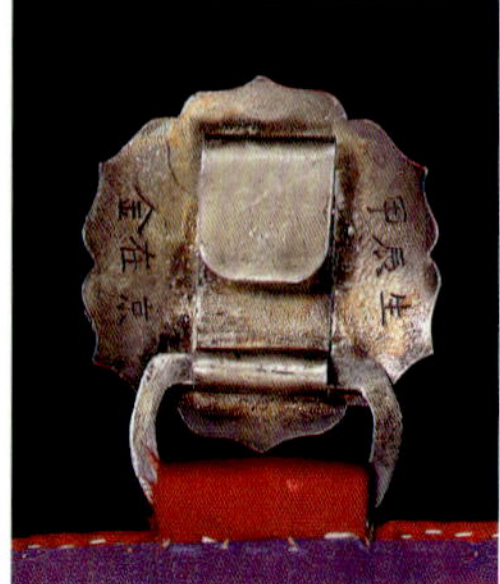

기산 스님 가사의 부분　적흑색 대가사에는 네 개의 첩은 금사 바탕에 적색으로 위에는 천(위 왼쪽), 아래는 왕 자가 수놓아져 있다. 또 금사로 짜여진 원형판에는 토끼(위 가운데)와 삼족오(위 오른쪽)가 수놓아져 있으며, 착장구는 만자 문양이 새겨진 은으로 된 고리로 되어 있다(왼쪽).

한국 불교 4대 종단의 가사

현재 한국 불교 종단의 수는 18개이며 가사의 형태에 있어서 직사각형이라는 공통점은 있으나 세부적인 면에서 몇 가지 유형을 나타낸다. 특히 한국의 4대 종단인 조계종, 태고종, 천태종, 진각종 가사에 있어서 뚜렷한 차이점을 살필 수 있다.

복장은 우리나라 고유복인 바지, 저고리 형식의 동방을 입고 그 위에 장삼을 입고 가사를 착용하나, 진각종과 같은 밀교 계통의 종단에서는 한복에 새로 디자인된 법의를 입은 다음 가사를 입는다.

조계종(曹溪宗)

대한불교조계종은 한국 불교를 대표하는 종단(宗團)이다. 조계종은 오늘의 불교종단 중 승려(僧侶)와 신도(信徒)의 수, 그리고 사찰(寺刹)의 수(數) 등과 같은 교세(敎勢)에서 최대를 자랑한다. 그리고 1,600년 한국 불교의 맥락을 면면히 이어온 역사성에 있어서도 가장 장자적(長子的)인 종풍(宗風)의 정통성(正

統性)을 지니고 있다.

조계종은 신라 말 중국으로부터 선(禪)을 전수하여 민족의 정신문화를 일신한 가지산문(迦智山門) 등 구산선문(九山禪門)에서 기원하며, 종조(宗祖)는 한반도에 선법을 처음으로 전한 도의 국사(道義國師)이고, 고려 보조 국사(普照國師)와 태고 국사(太古國師)는 중흥조이다. 조계종은 고려 불교의 선종을 대표하는 종파로서 성립되었으나 조선시대에 와서 교종의 흐름도 섭수하여 선교가 융합하는 종풍이 형성되었다.

일제 강점기인 1938년에는 조계사 대웅전을 창건하고 1941년 일본 불교와 구분되는 한국 전통의 조계종을 복원하여 조선불교조계종을 출범시켰으니, 이것이 근대 한국 불교계의 첫 합법적인 종단이자 오늘날 대한불교조계종의 전신(前身)이다.

해방 후에는 1947~1949년 봉암사에서 일단의 선승들이 '부처님 법(法)대로 살자' 는 기치 아래 결사운동을 제창한 것이 종지 종풍과 의례 형성의 직접적인 계기가 되었다.

조계종은 석가모니 부처님의 가르침을 근본으로 하고 직지인심 견성성불 전법도생(直指人心見性成佛 傳法度生)을 종지로 하고 있다. 소의경전은 『금강경(金剛經)』과 『전등법어(前燈法語)』이며, 참선수행을 근본으로 하면서도 간경과 염불, 주력수행을 포용하여 통불교의 전통을 형성하고 있다.

조계종의 가사는 한국의 전통의 홍가사와는 달리 불교 정화 이후 봉암사에서 자운, 성철, 고암 스님이 결의하여 경전을 근거로 새롭게 디자인해서 만든 가사이다. 실행은 한국전쟁 이후 통도사 상호전이라는 큰방에서 동산 스님의 지시로 기술자인 법장 스님이 조계종 가사를 만들었다. 1962년 8월 28일 의제법을 제정해 종래에 쓰던 홍가사 대신 현재의 괴색 가사를 법장(法壯) 스님, 무상(無

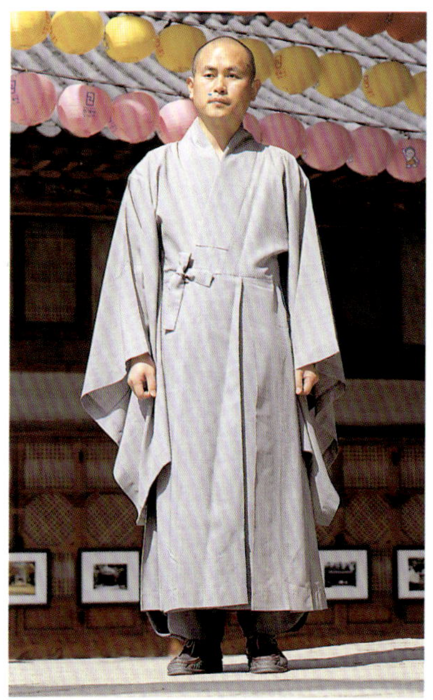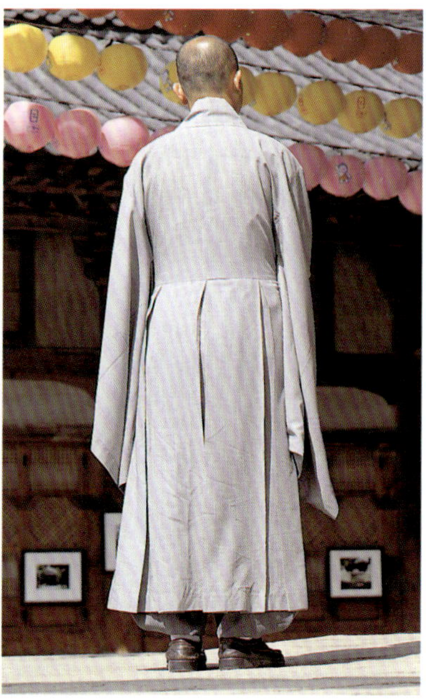

조계종 스님이 장삼을 입은 모습 한국 불교에서 최대의 교세를 자랑하는 대한불교조계종에서는 1962년 8월 28일 의제법을 제정해 종래에 쓰던 홍가사 대신 현재의 괴색 가사를 제정하고, 가사 불사를 통해 이를 보급하였다.

相) 스님, 보성(寶性) 스님이 도편수로 있으면서 가사 불사를 통해 보급하기 시작하였다.

현재 조계종 스님이 가사를 취득하는 방법에는 세 가지가 있다. 첫째, 사찰이 주관하여 가사불사를 통해 신도의 보시금으로 가사를 만든 다음 가사 점안식을 행한 다음 이루어진다. 둘째, 승복전문점에서 신도가 환갑이나 길사(吉事)에 직접 사서 스님에게 보시하여 취하게 된다. 셋째, 스님이 가사가 필요하지만 보시를 기다리기에는 시간적 여유가 없는 경우 직접 구입하는 방식으로 취득하기도 한다.

가사의 종류와 입는 법

가사의 종류

조계종 가사는 형태상으로 크게 5조(낙자), 반가사, 대가사가 있다. 5조는 치수가 작고 착용 방법이 낙자와 같아 다른 명칭으로 낙자라고도 한다. 낙자는 중국 당나라 시대의 측천무후(則天武后)가 가사를 작고 네모지게 축소하여 선종(禪宗) 스님에게 준 것이라고 한다. 낙자를 만든 연유는 북방 불교 국가의 특징으로 추위를 견디기 위해서 예복인 장삼을 입고 그 위에다 큰 가사를 입는 것은 불편하기 때문이다. 조계종에서는 처음에 낙자인 5조를 25조로 만들었다가 5조 가사로 작게 만들었다고 한다. 현재 5조 가사를 착용하는 경우는 드물다.

반가사는 왼쪽에 앞과 뒤를 연결하는 띠를 달아 왼쪽 어깨에 둘러매게 되어 있으며, 조계종에서 창안한 가사나 전통 가사는 아니다. 가사를 입는 경우는 의식 집전 때, 중요한 회의, 외부 인사를 접견할 때, 어른스님께 인사드리는 경우 등이나 점차적으로 용도를 줄여나가고 있다.

7조의 용도는 인도의 중의(中衣) 즉 울다라승(Uttarasanga)으로, 치수는 대가사와 비슷하다. 7조는 2장 1단으로 되어 있다. 그리고 가사가 흘러내리지 않게 하기 위하여 가사와 똑같은 천과 똑같은 색의 끈으로 가사에 연봉매듭과 고리를 만들어 왼쪽 가슴 위에서 고정하게 되어 있다. 연봉매듭은 조계종에서 처음으로 착장구 중 걸개로 사용하여 오늘에 이른다.

9~25조의 대가사의 용도는 승가리(saṁghāṭi)로 주로 큰 법요식을 거행할 때 입되 인도에서와 달리 통견하지 않고 편단우견을 한다. 입는 법은 7조와 같다. 또한 가사는 비구의 법계에 따라 입을 수 있는 종류가 다르게 되어 있는데, 2001년에는 법계법을 개정하여 법계 품서의 자격 요건을 확정하였다.

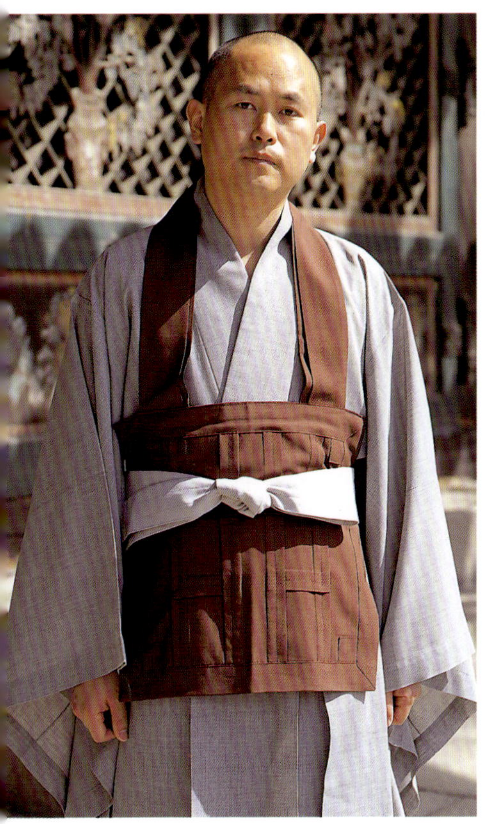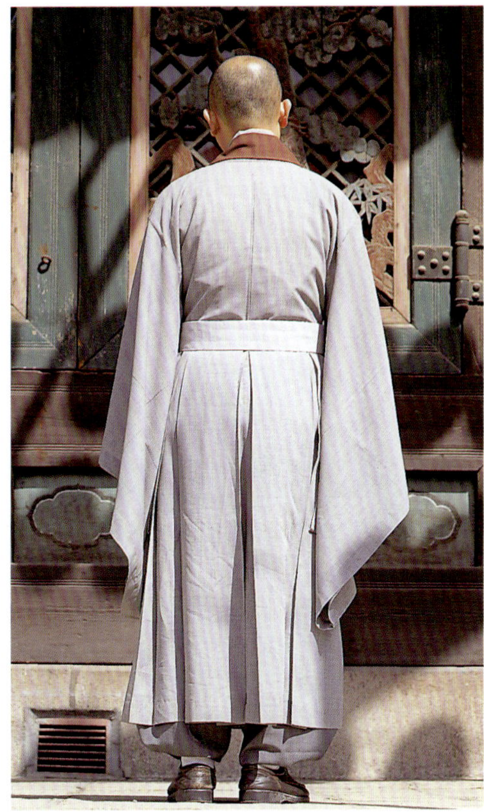

5조 가사 착용 모습　5조 가사는 치수가 작고 입는 방법이 낙자와 같다. 북방 불교 지역에서는 추위 때문에 예복인 장삼을 입고 그 위에다 큰 가사를 입는 것이 불편하였기 때문에 낙자가 생겨났다.

　　우선 법계를 살펴보면, 법계는 수행력과 종단 지도력의 상징으로 종단 위계 서열의 기본이다. 5급(견덕), 4급(중덕), 3급(대덕), 3급(종덕), 2급(종사), 1급(대종사)으로 나누어지며 고시위원회의 의결에 따라 종정이 수여한다.

　　법계에 따른 가사의 종류를 보면 9조는 중덕으로 법랍이 10년 이상이 되어야 입을 수 있고 15조는 3급인 대덕(大德) 이상으로 승랍이 20년이 되어야 한

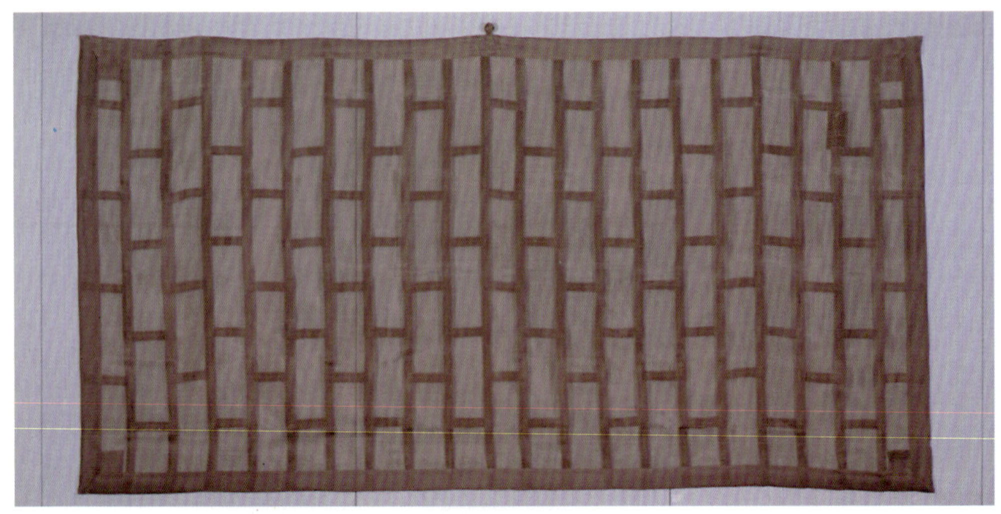

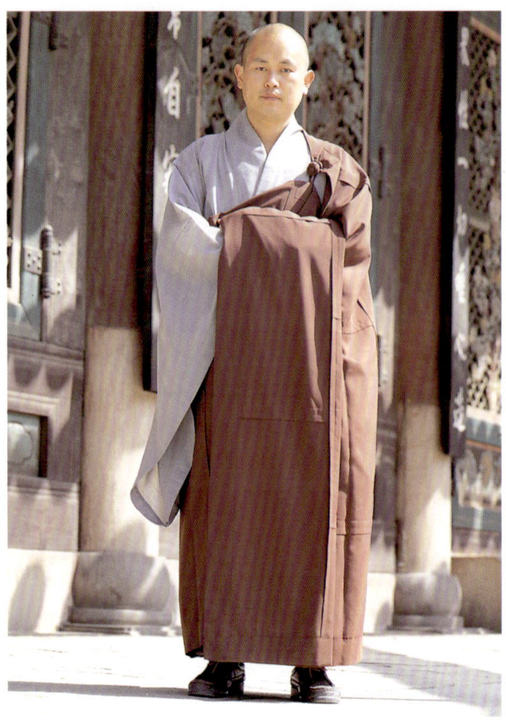

대가사 큰 법요식을 거행할 때 착용하되 인도에서와 달리 통견하지 않고 편단우견을 한다. 가사가 흘러내리지 않도록 가사와 똑같은 천과 똑같은 색의 끈으로 가사에 연봉매듭과 고리를 만들어 왼쪽 가슴 위에서 고정하게 되어 있다. 연봉매듭은 조계종에서 처음으로 착장구 중 걸개로 사용하여 오늘에 이른다.

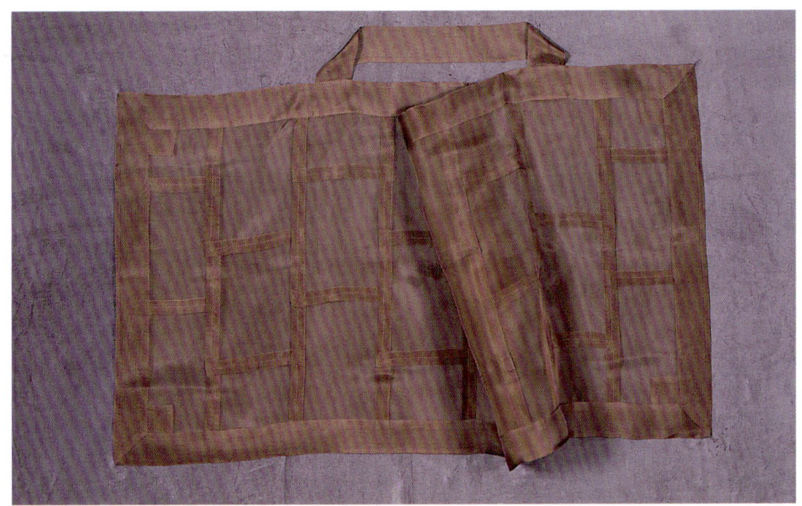

반가사 왼쪽에 앞과 뒤를 연결하는 띠를 달아 왼쪽 어깨에 둘러매게 되어 있다. 조계종에서 창안한 가사이지만 전통 가사는 아니며, 점차적으로 용도를 줄여나가고 있다.

다. 19조는 종덕으로 승랍이 25년, 21조는 종사로서 종덕 법계 수지자로 승랍이 30년 이상이어야 한다. 25조는 대종사(大宗師)이며 종사 법계 수지자로 승랍이 40년 이상이어야 입을 수 있다.

표 6. 조계종의 법계에 따른 가사 종류

법계	법계 품수 자격	승랍	가사 조수
견덕	4급 승가고시 합격자	10년 미만	7조 가사
중덕	3급 승가고시 합격자	10년 이상	9조 가사
대덕	2급 승가고시 합격자	20년 이상	15조 가사
종덕	1급 승가고시 합격자	25년 이상	19조 가사
종사	종덕 법계 수지자	30년 이상	21조 가사
대종사	종사 법계 수지자	40년 이상	25조 가사

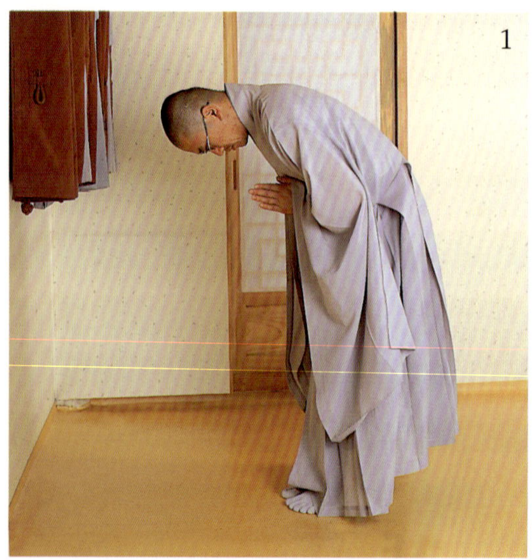

1. 가사걸이 앞에서 머리 숙여 절을 한 다음 왼 발을 일 보 내디디며 왼손으로 가사를 당긴다.

2. 오른손으로 팔 위쪽 단을 잡은 후 2분의 1 을 접고 다시 2분의 1을 접는다.

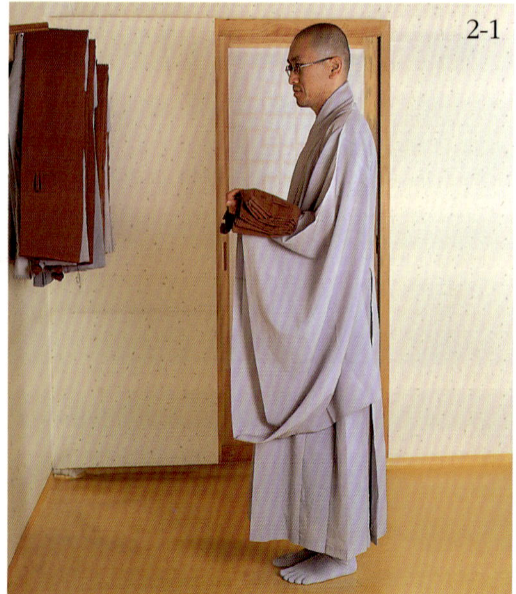

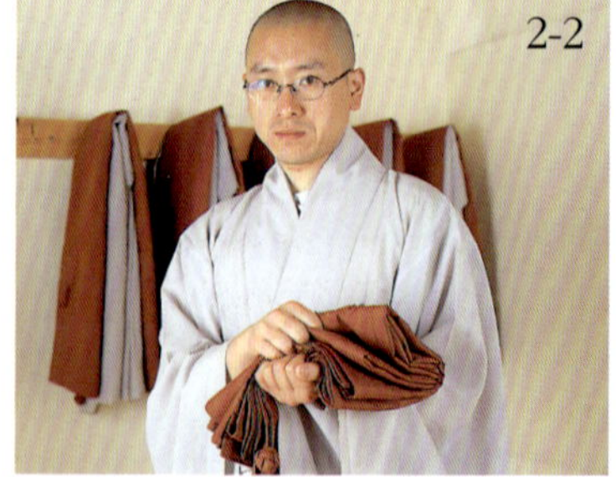

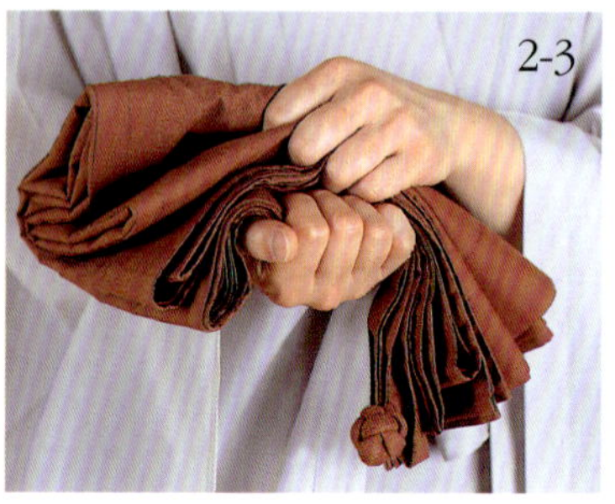

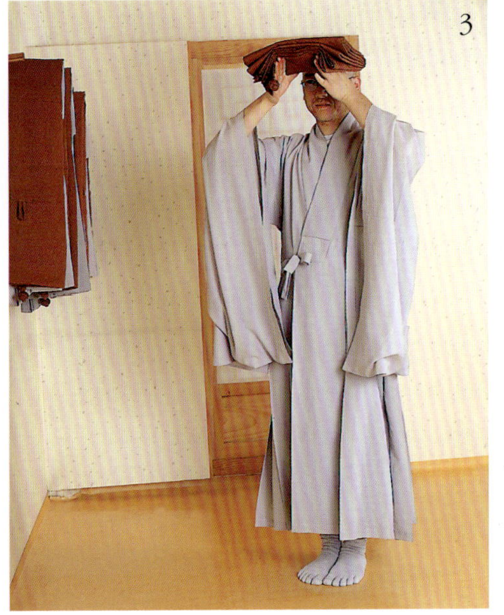

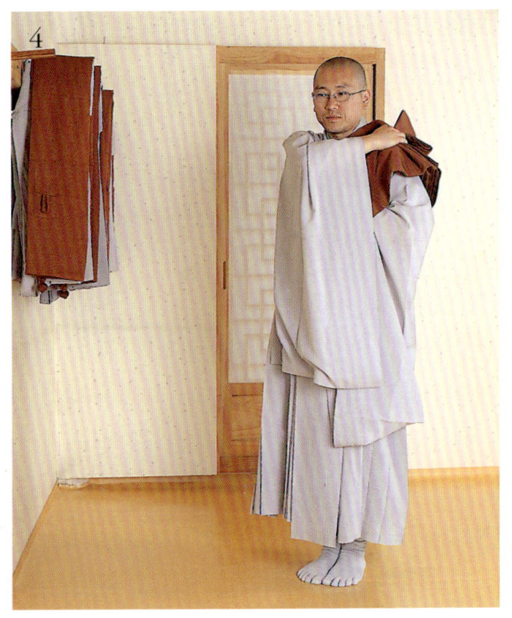

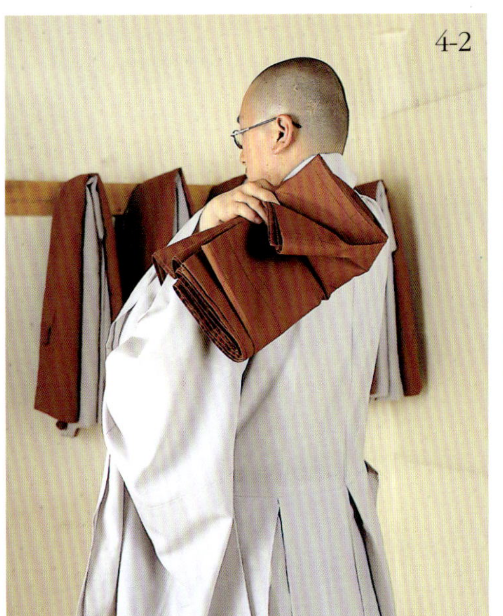

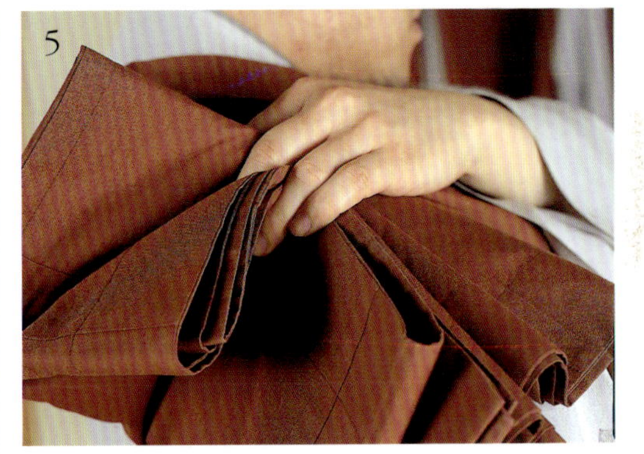

3. 가사를 양 손으로 받쳐 들고 몇 발짝 뒤로 물러
나서 두 손으로 가사를 정대하고 게송을 외운다.

4. 오른손을 왼쪽 어깨 위로 올린다.

5. 무명지와 장지 그리고 검지 순으로 가사를 놓아
준다.

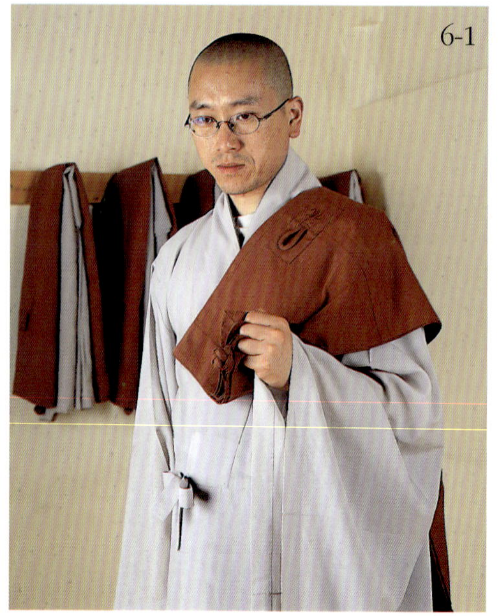

6-1

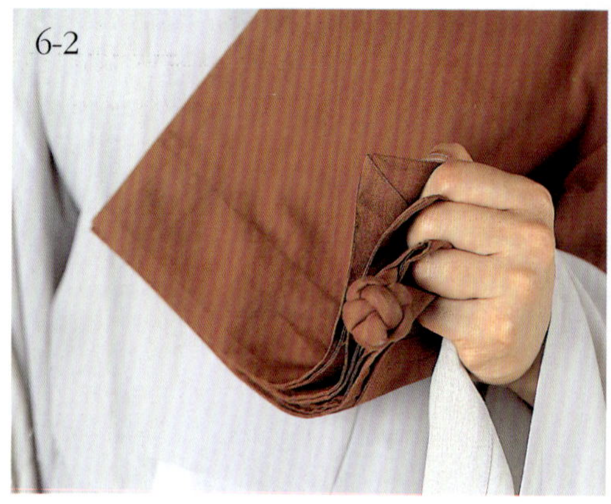

6-2

6. 왼손을 어깨 높이보다 높게 들었다 어깨에 걸친
다. 그런 다음 가사의 바깥 모서리를 왼손 바닥 위
에 올린다. 위 사진은 왼손으로 가사를 잡는 모양
을 자세히 보여 준 것이다.

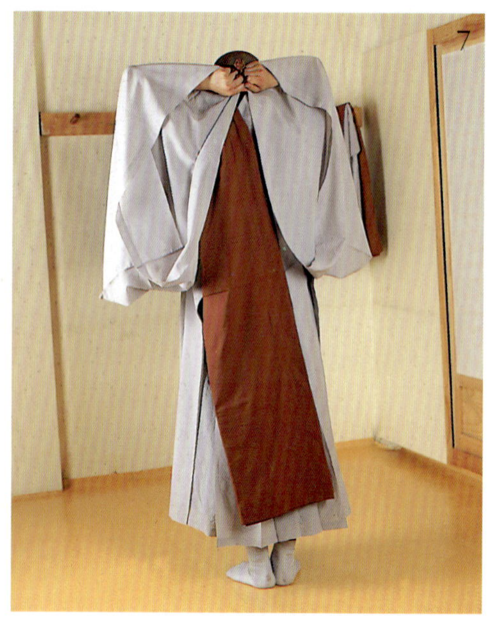

7

7. 왼손을 목 뒤로 돌리고 오른손으로 왼손엄지
와 검지 사이에 있는 단을 잡는다. 이때 손이 머
리 위로 지나가면 안 된다.

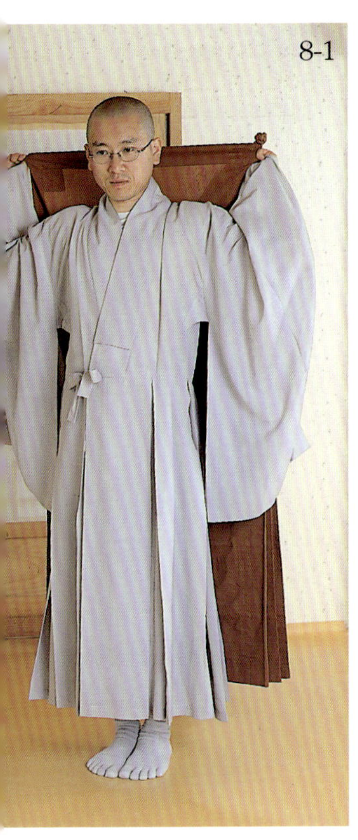

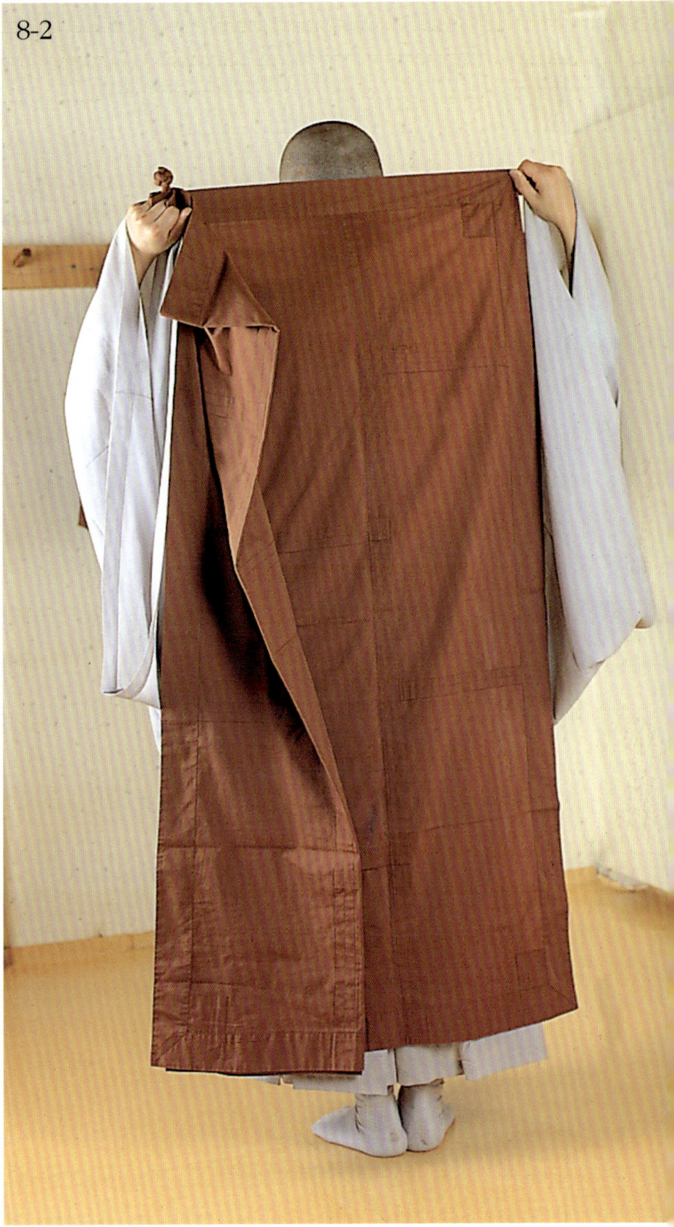

8. 양손을 동시에 앞으로 돌린
다(왼쪽). 무명지의 단은 놓지
않는다(오른쪽).

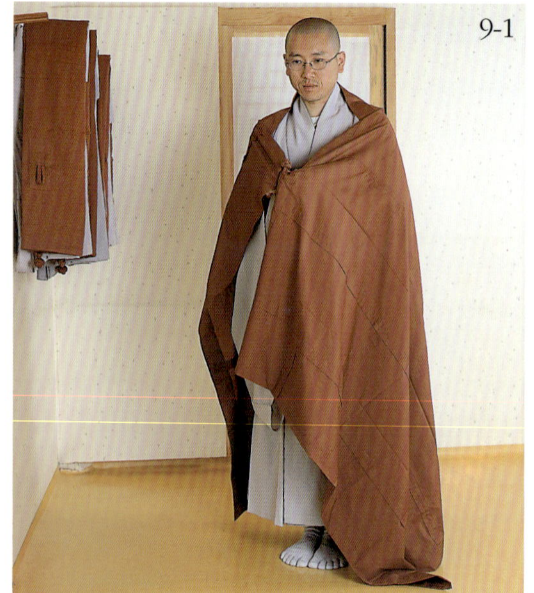

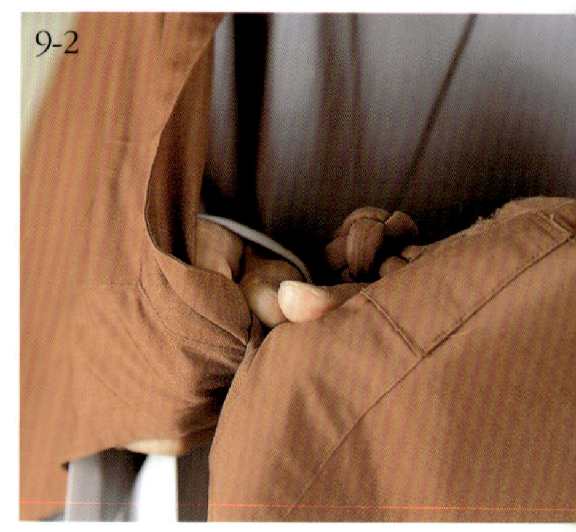

9. 가사의 양 끝 봉합선 부분을 맞대어 오른
손으로 모아 잡고 왼손 무명지의 단을 펴면
서 양 손으로 펼쳐든다. 위 사진은 손 모양을
자세히 보여준 것이고, 아래 사진은 뒷모습
이다.

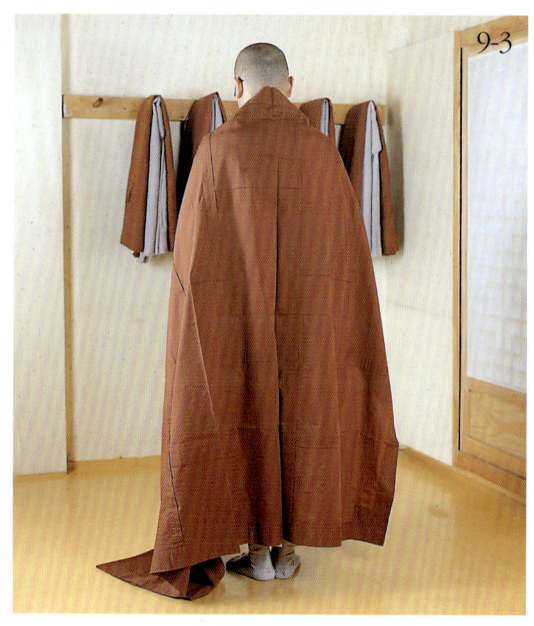

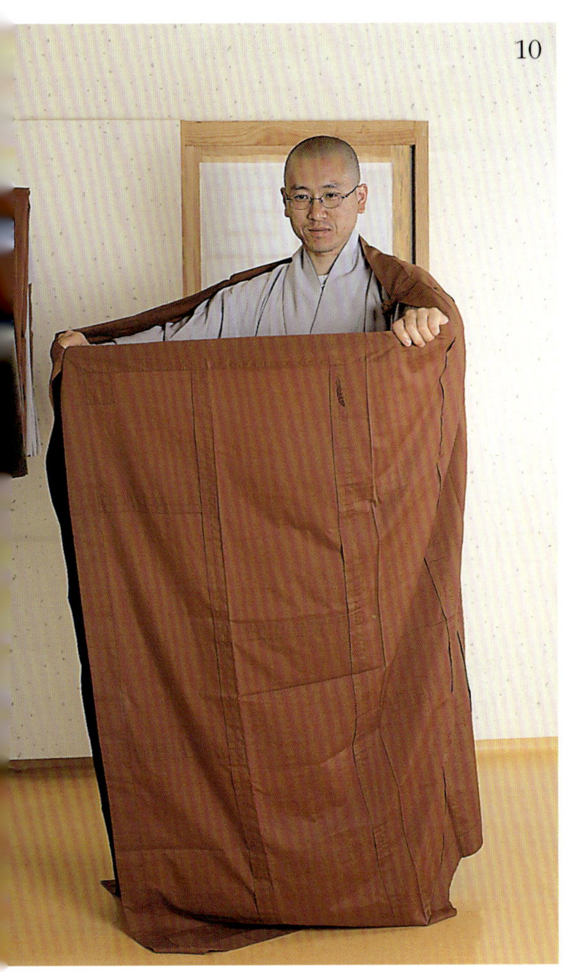
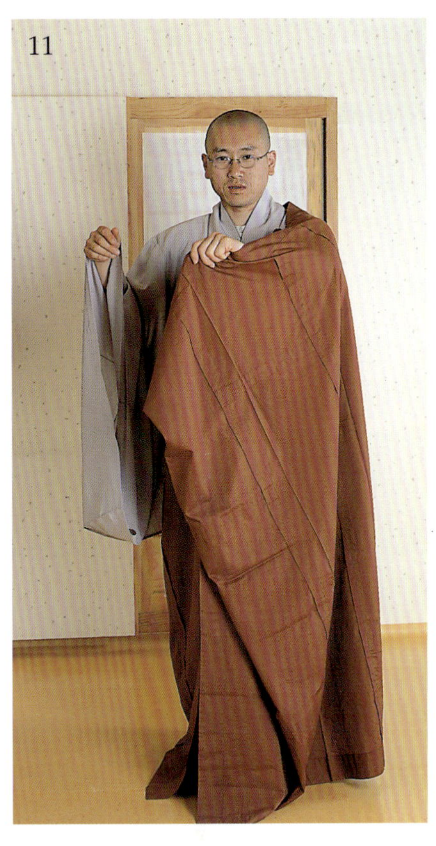

10. 가사를 밖으로 처지게 해서 2분의 1을 접고 왼손으로 접은 부분과 가사의 양 끝을 옮겨 잡는다.

11. 오른쪽을 가볍게 당긴 다음 오른쪽 장삼소매를 추슬러 팔을 뺀다.

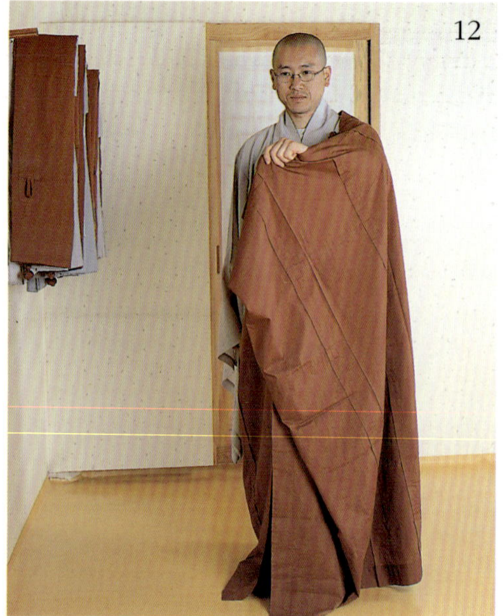

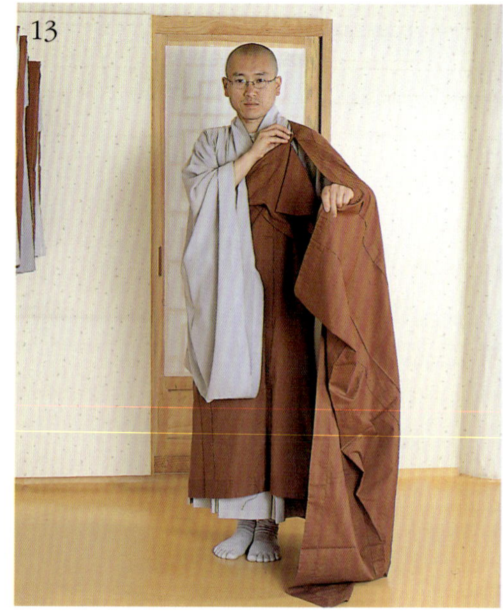

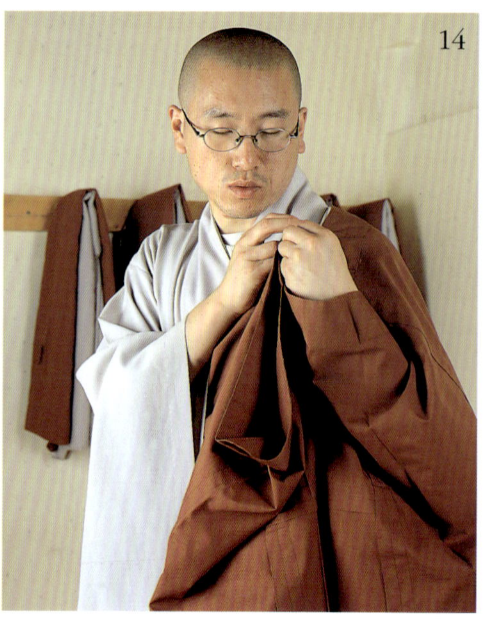

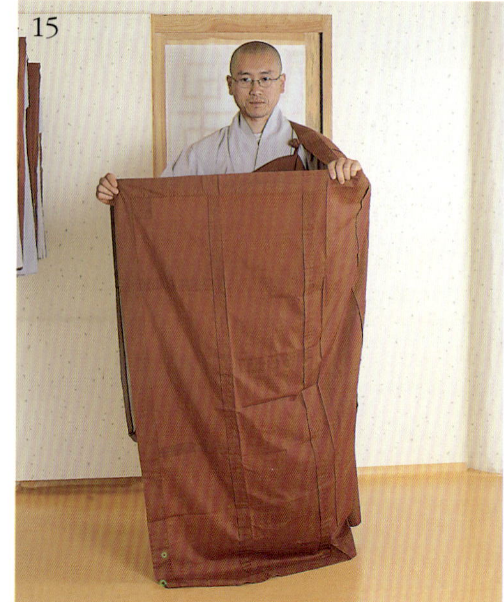

12. 오른팔을 뺀 다음 왼손으로 모서리 부분을 잡는다.

13. 오른손으로 가사의 윗부분을 잡고 왼손으로 모서리 부분을 잡으며 다림질 선을 잡는다.

14. 오른손으로 고리를 건다.

15. 왼손에 잡고 있던 모서리 부분을 오른손으로 옮겨 잡으며 다림질 선을 잡는다.

16. 접힌 선을 따라서 밖을 향하여 접는다.

17. 오른손으로 가사의 윗부분을 잡는다.

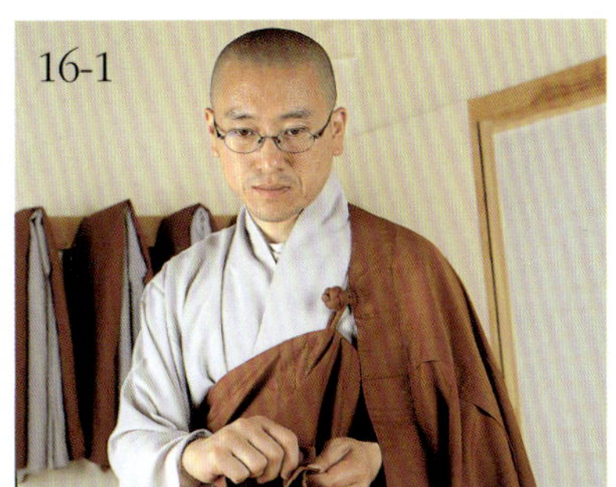

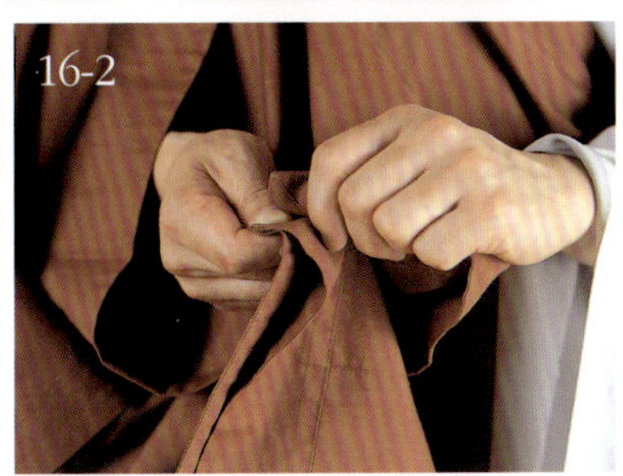

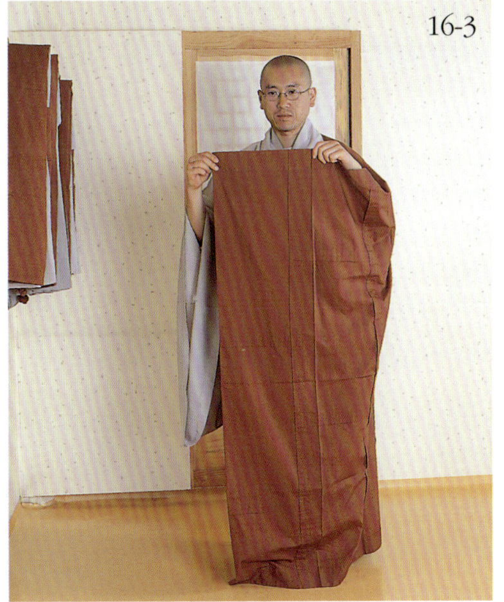

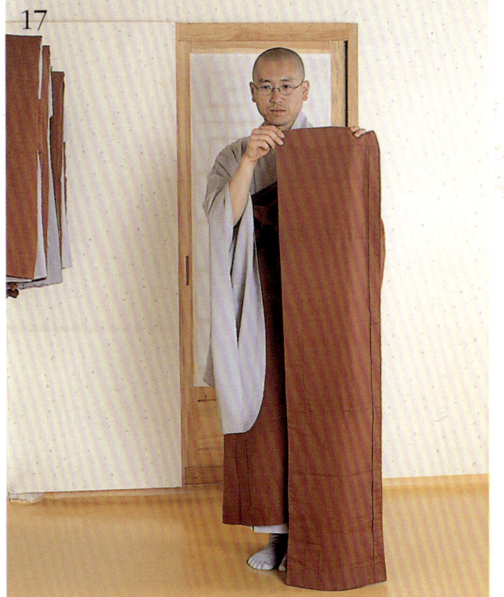

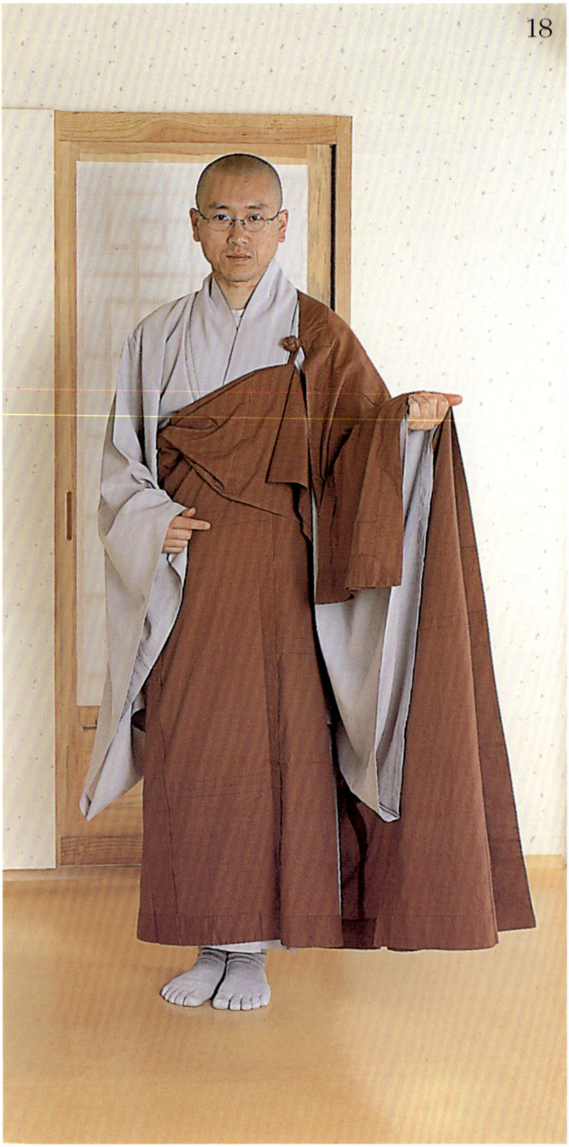

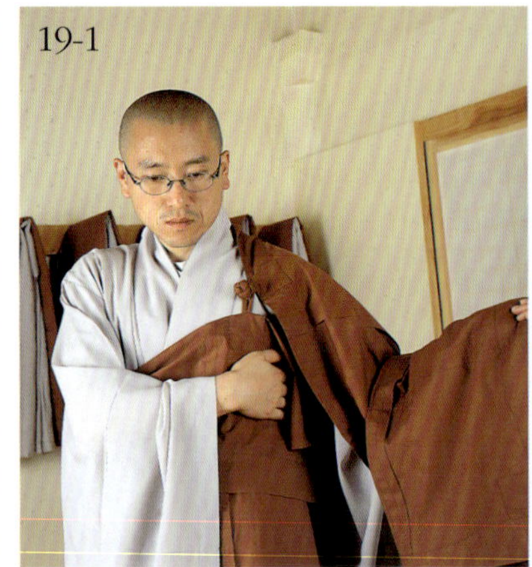

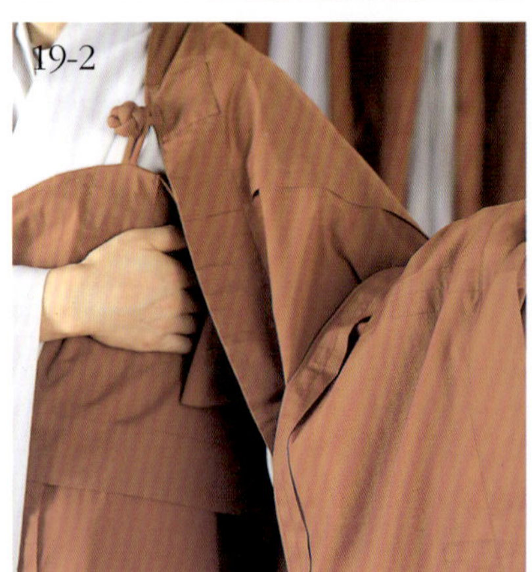

18. 왼손에 잡고 있던 모서리 부분을
오른손으로 옮겨 잡으며 다림질 선을
잡는다.

19. 가사의 양 끝 봉합선 부분을 맞대
어 오른손으로 모아 잡고 왼손 무명지
의 단을 펴면서 양손으로 펼쳐든다.

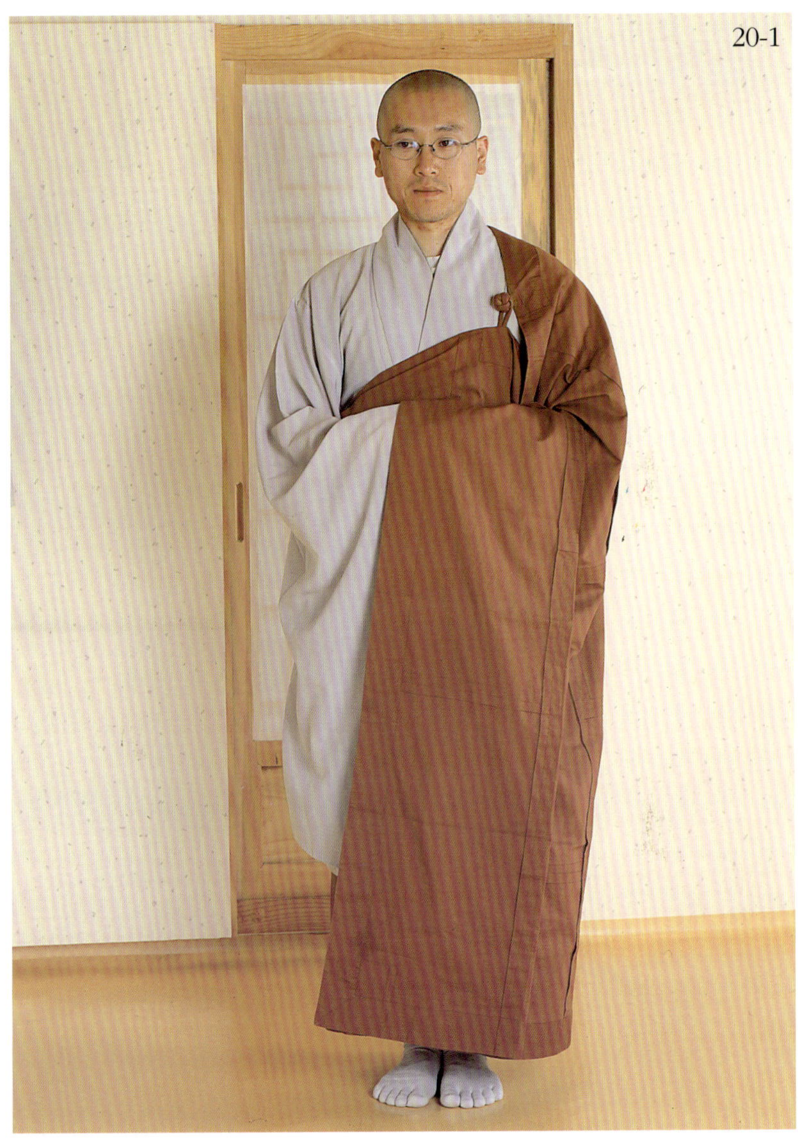

20. 가사 앞섶의 길이를 맞추고 차수(叉手)한다. 가사를 수하고 차수할 때는 손이 명치쯤 오게 한다. 왼
    손바닥이 가슴에 닿게 하고 오른손으로 왼손 등을 덮는다. 팔짱을 끼면 안 된다.

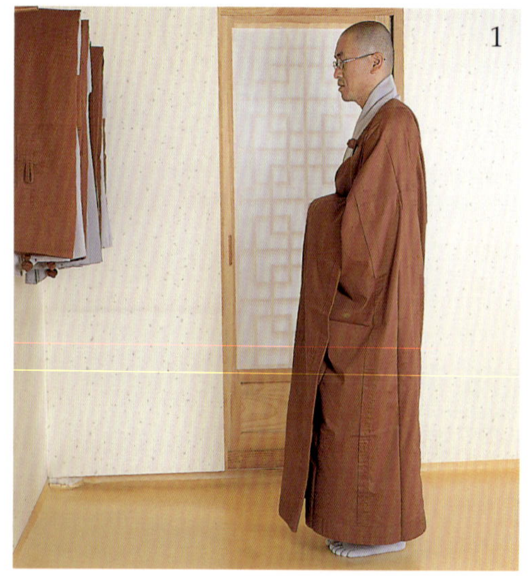

1. 가사걸이 앞에 서서 왼팔의 자락 끝을 오른손으로 잡고 편다.

2. 절반으로 접어서 접힌 부분을 장지와 약지로 잡고 왼쪽 모서리는 장지와 검지로 잡는다.

3. 겨드랑이 밑에 있던 모서리를 포개듯 왼손 검지 위에 올리고 엄지로 눌러서 잡는다. 이때 양 끝에 대각으로 재봉된 선을 마주 붙여야 한다.

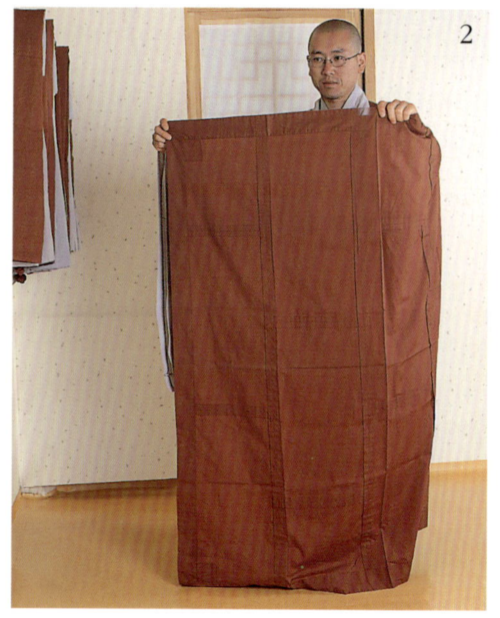

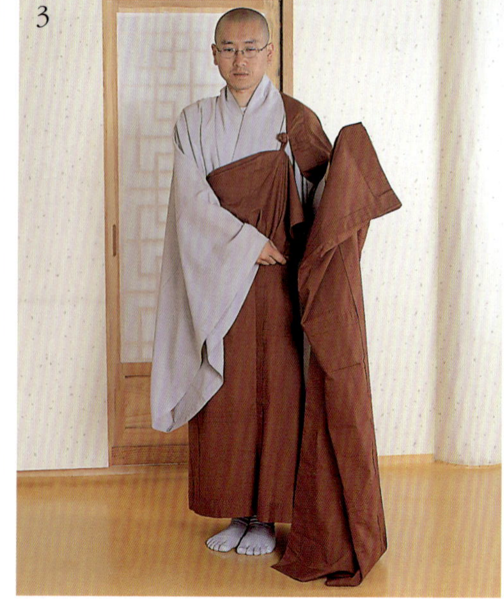

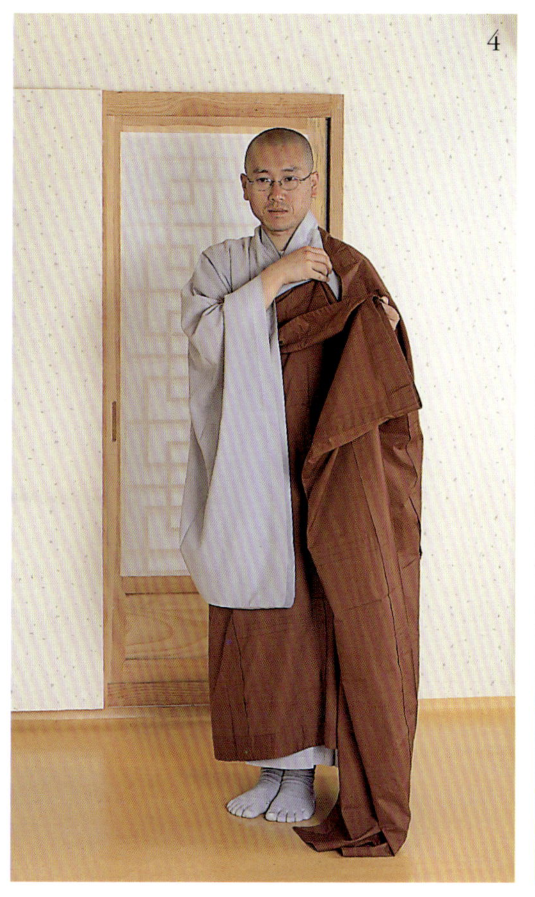
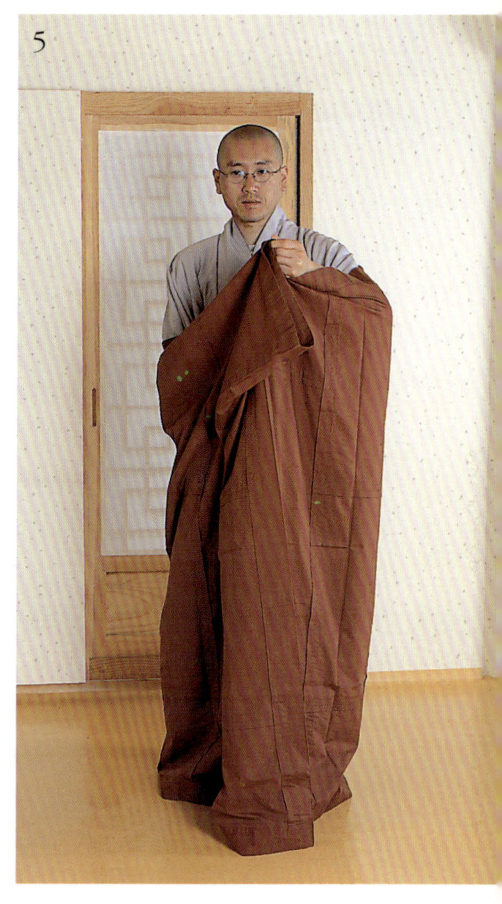

4. 오른손으로 고리를 벗긴다.

5. 오른쪽 옆구리의 가사를 앞으로 약간 당겨 헐렁하게 한다.

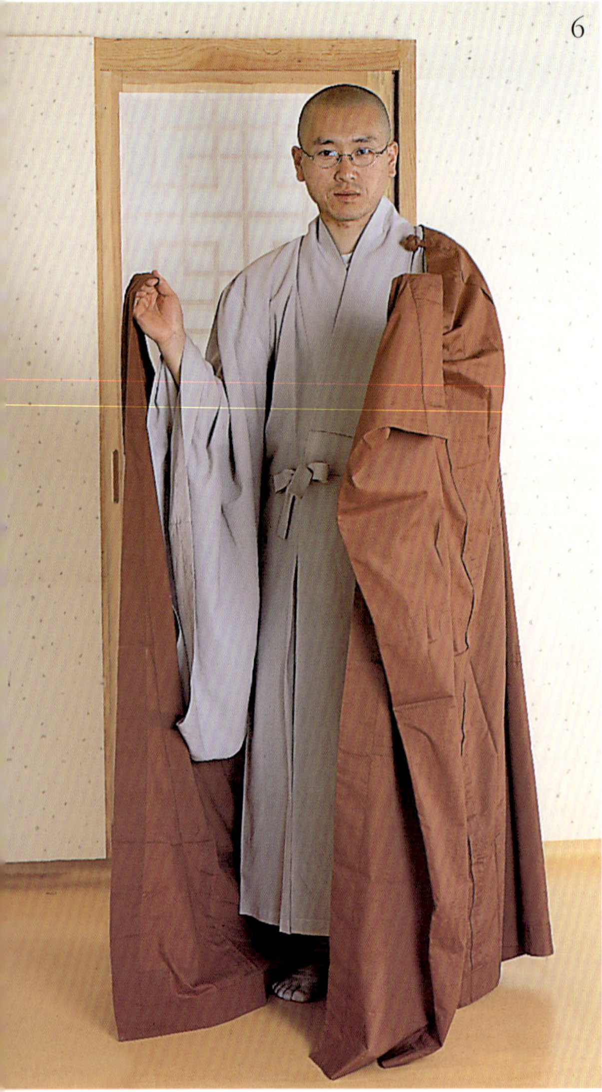

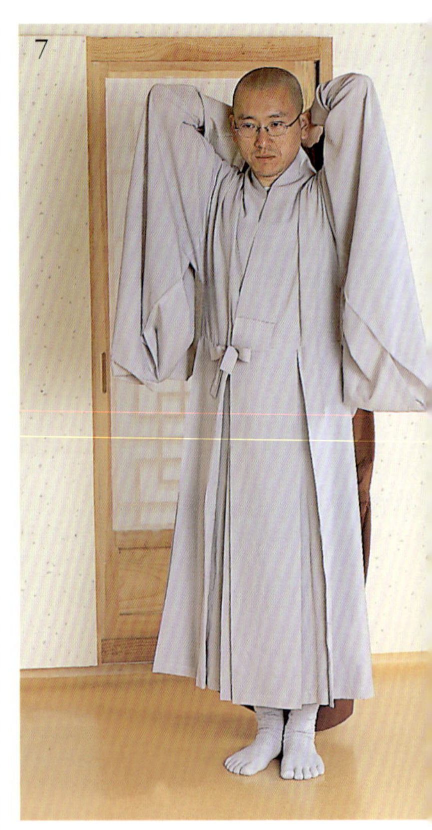

6. 오른쪽 장삼 소매를 가사 안으로 넣은 다음, 오른손으로 오른쪽 모서리를 옮겨 잡는다.

7. 두 손을 목 뒤로 돌려 양 엄지를 마주 댄다.

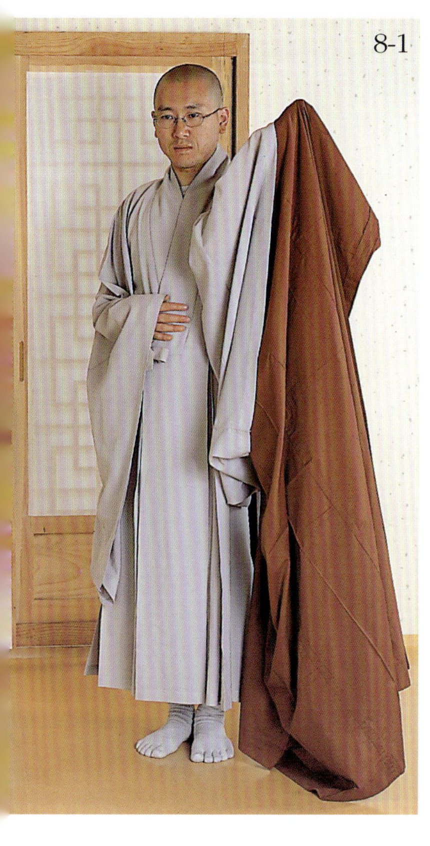

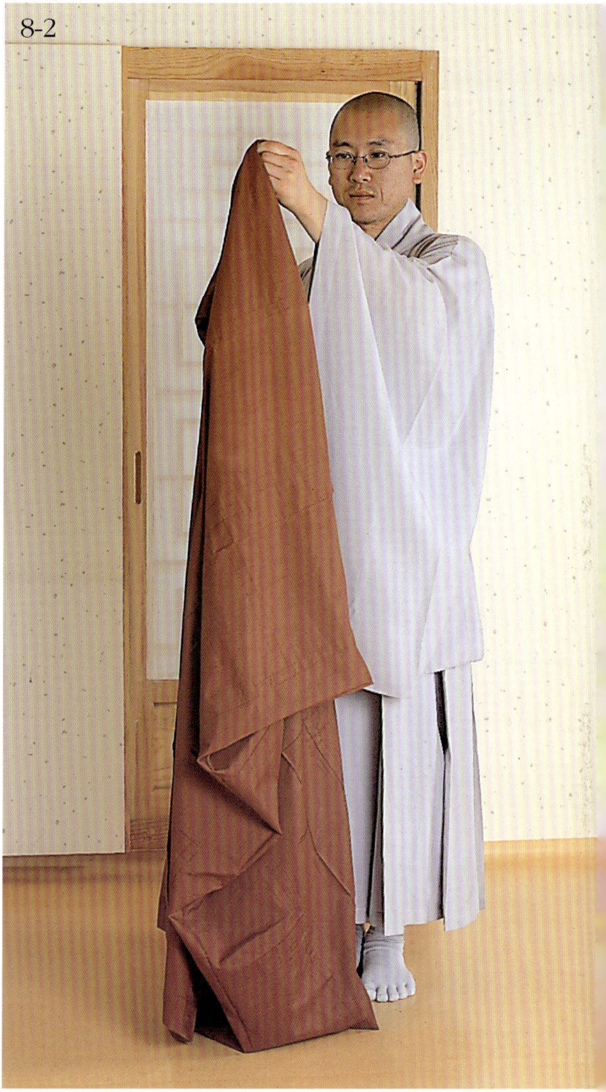

8. 왼손으로 잡고 양손을 앞쪽으로 돌린다. 이때 가사가 바닥에 닿지 않아야 한다.

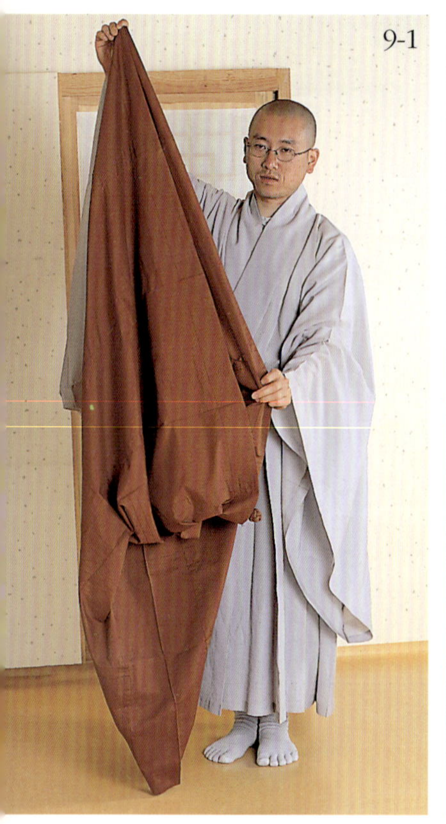
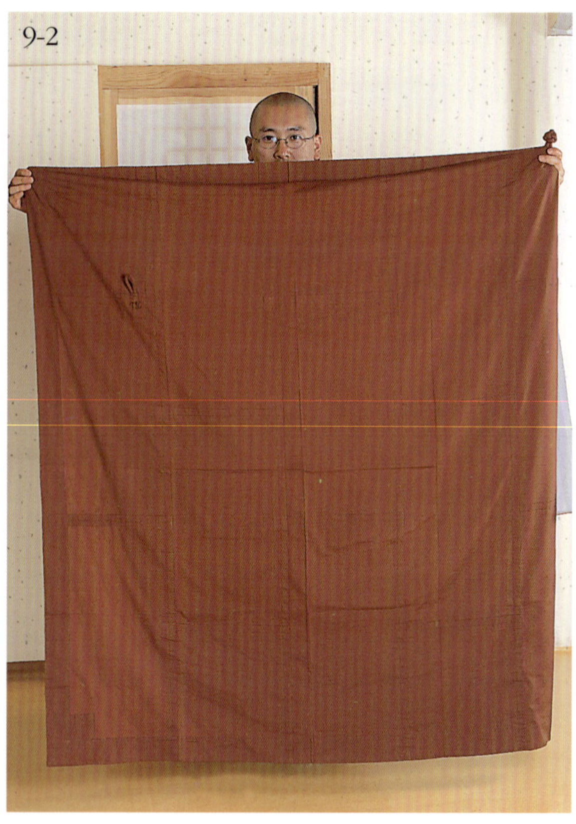

9. 왼손으로 가사가 바닥에 닿지 않게 하면서 편다. 이때 이미 전체 폭이 2분의 1로 접힌 상태이다. 고리는 밖에 있어야 한다.

10. 그대로 밖으로 접으면서 양쪽 끝을 맞추어 폭을 2분의 1이 되게 접고, 다시 2분의 1로 접어서 양손으로 잡는다.

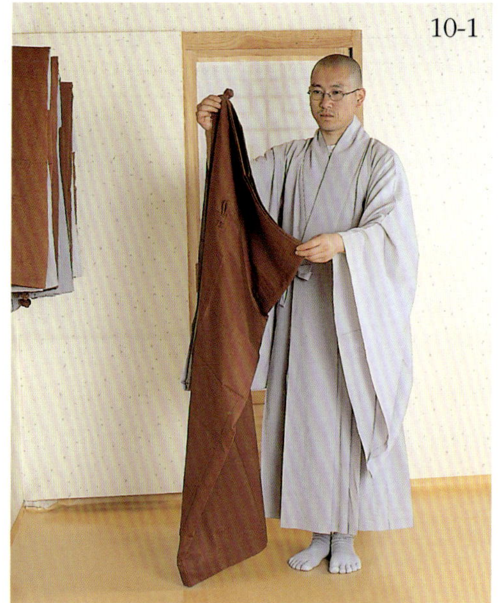

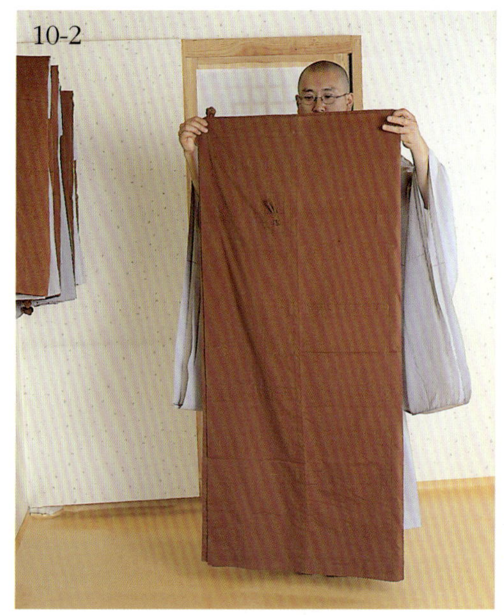

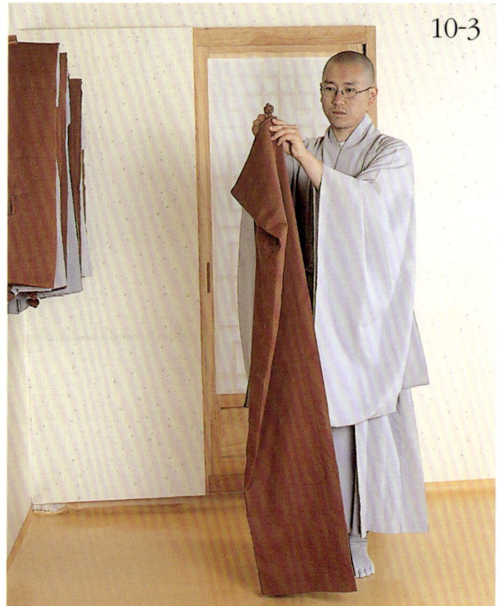

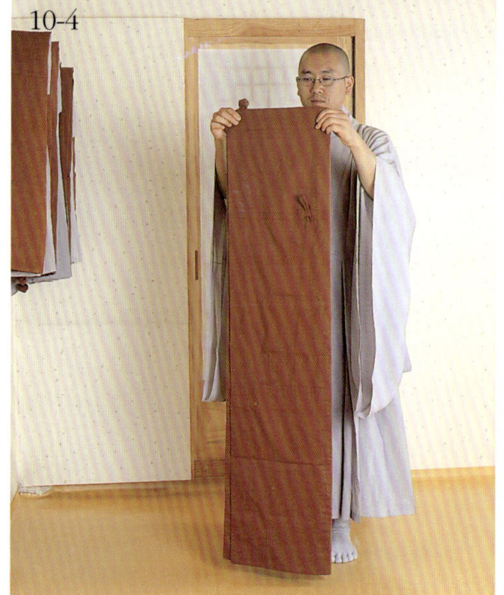

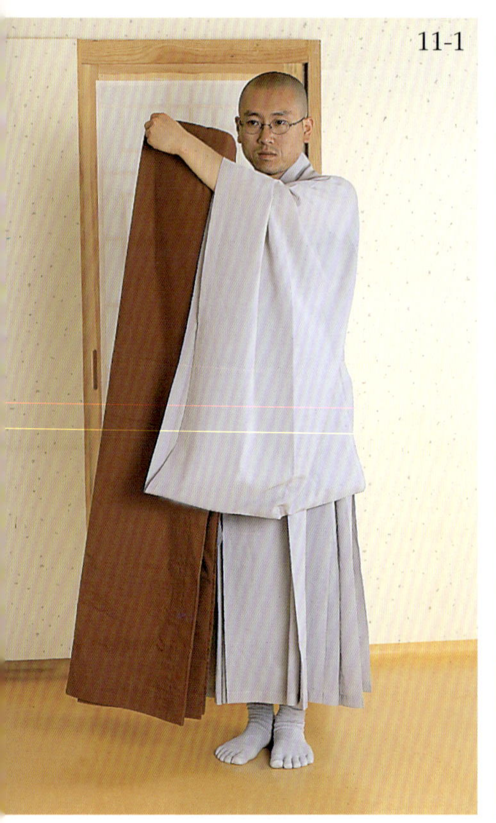 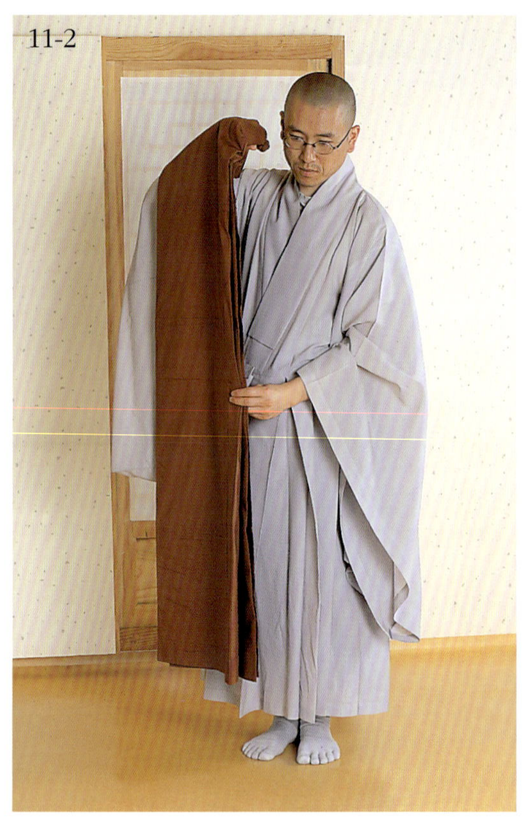

11. 바깥으로 돌려서 오른팔에 가사의 상단을 걸친다.

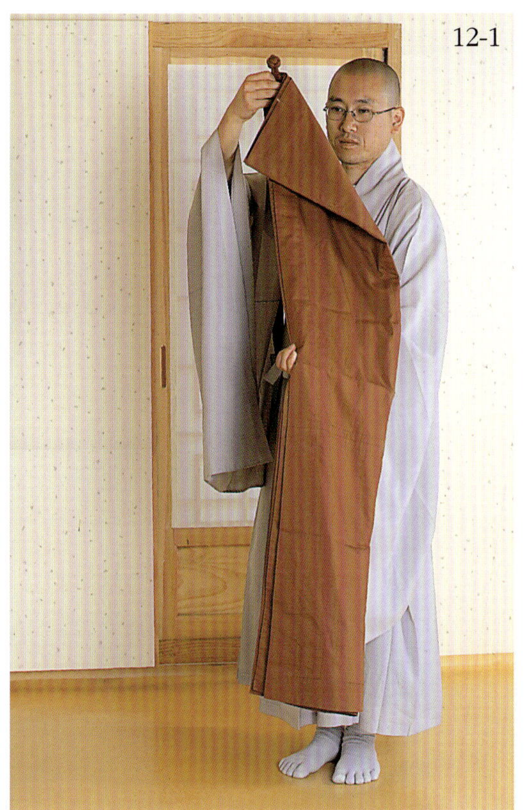 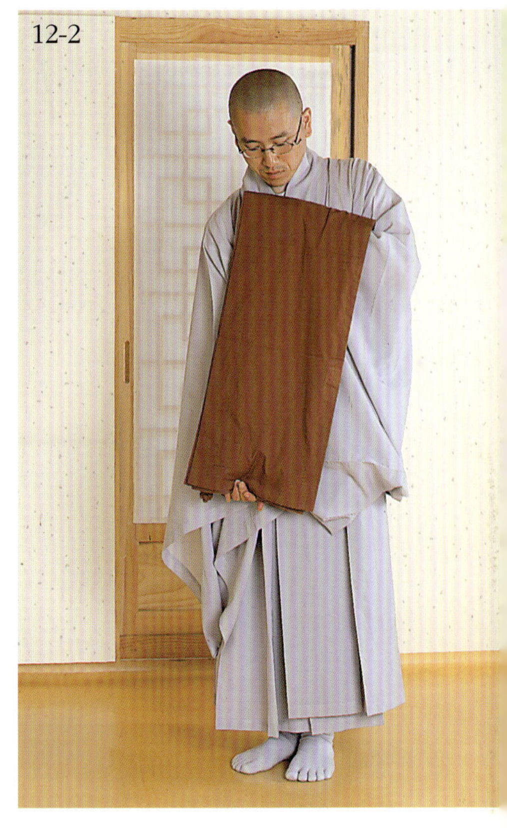

12. 가사의 단을 정리하고 왼손으로 왼쪽 중앙 부분을 잡고 돌리며 접어서 왼팔에 걸친 후 끝단의 길이를 맞추어 가슴에 붙인다.

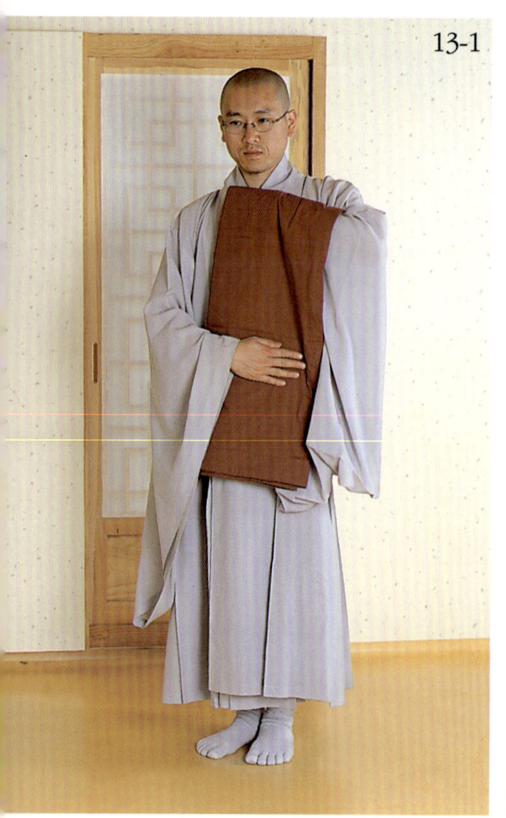 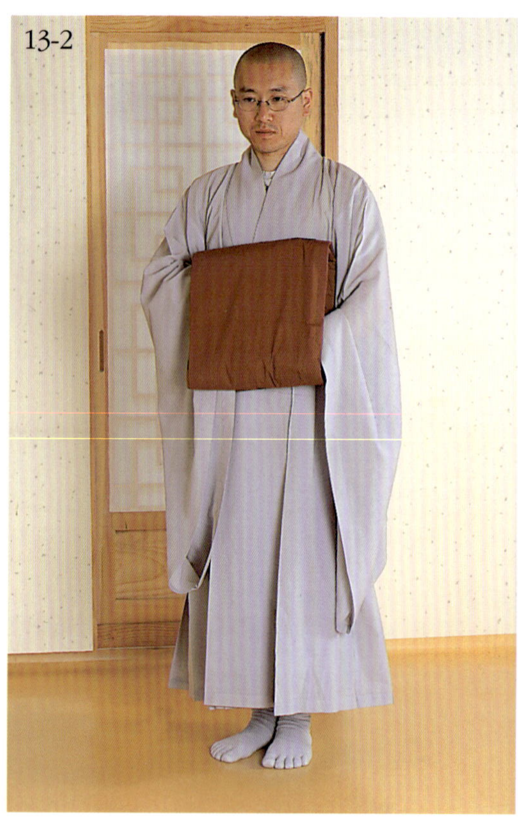

13. 가사를 접어 정리한다. 오른팔을 2분의 1 정도의 지점에 대고 왼팔로 절반을 접으며 뺀다.

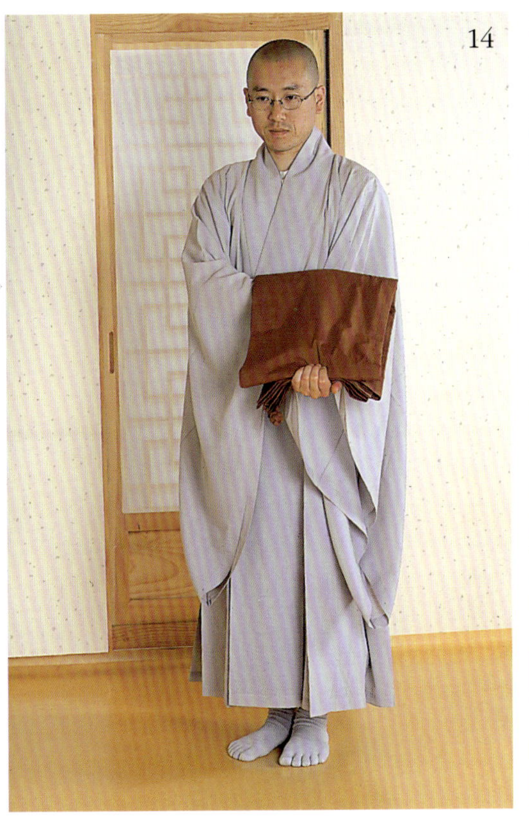 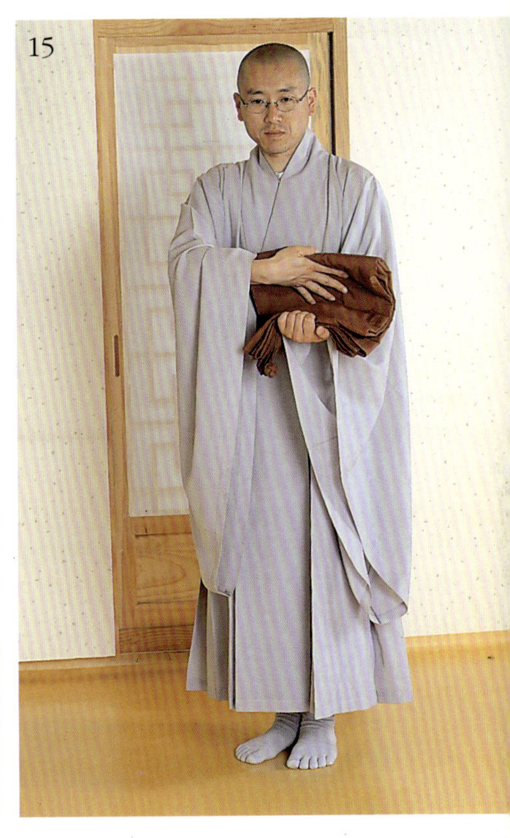

14. 왼손 손바닥을 아랫단에 대며 단의 길이를 맞추고 왼손으로 가사의 아랫단을 잡은 채 오른손을 뺀다.

15. 오른손으로 가사의 윗단을 잡고 2분의 1을 접는다.

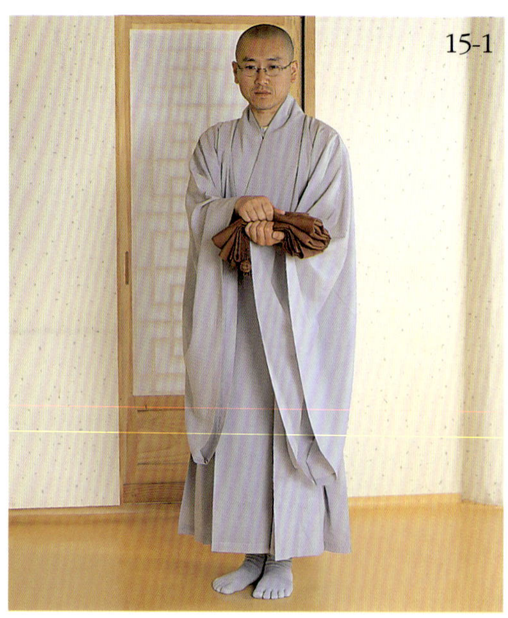

15-1

15. 2분의 1로 반듯하게 접은 가사를 양 손으로
받든다.

16 양손으로 가사를 받들고 정대한다. 정대게
(頂戴偈)는 하지 않는다.

17. 가사를 왼손 바닥에 올리고 검지, 중지를 이
용해서 세 부분으로 나누어 잡는다. 맨 끝단은
나누어 잡지 않는다. 그런 다음 왼발을 일 보 내
디디며 오른손의 단을 가사걸이에 놓는다. 이
때 가사를 던지면 안 된다.

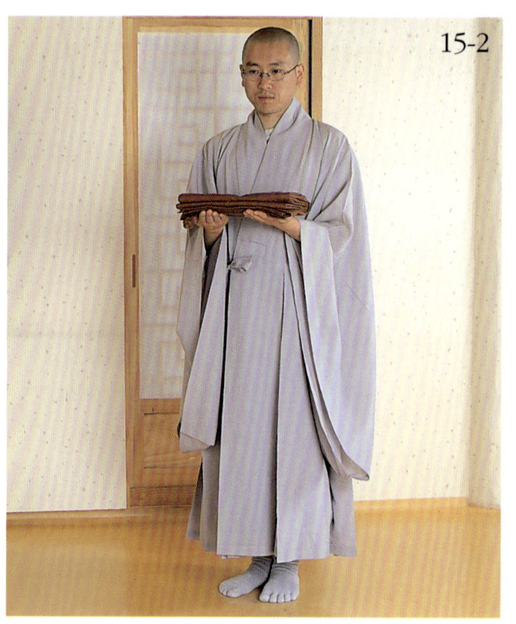

15-2

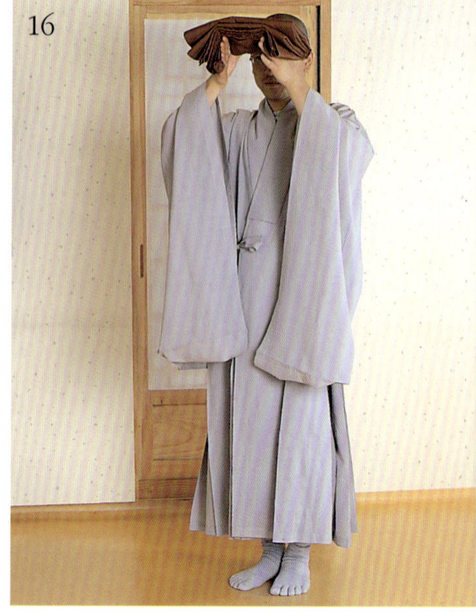

16

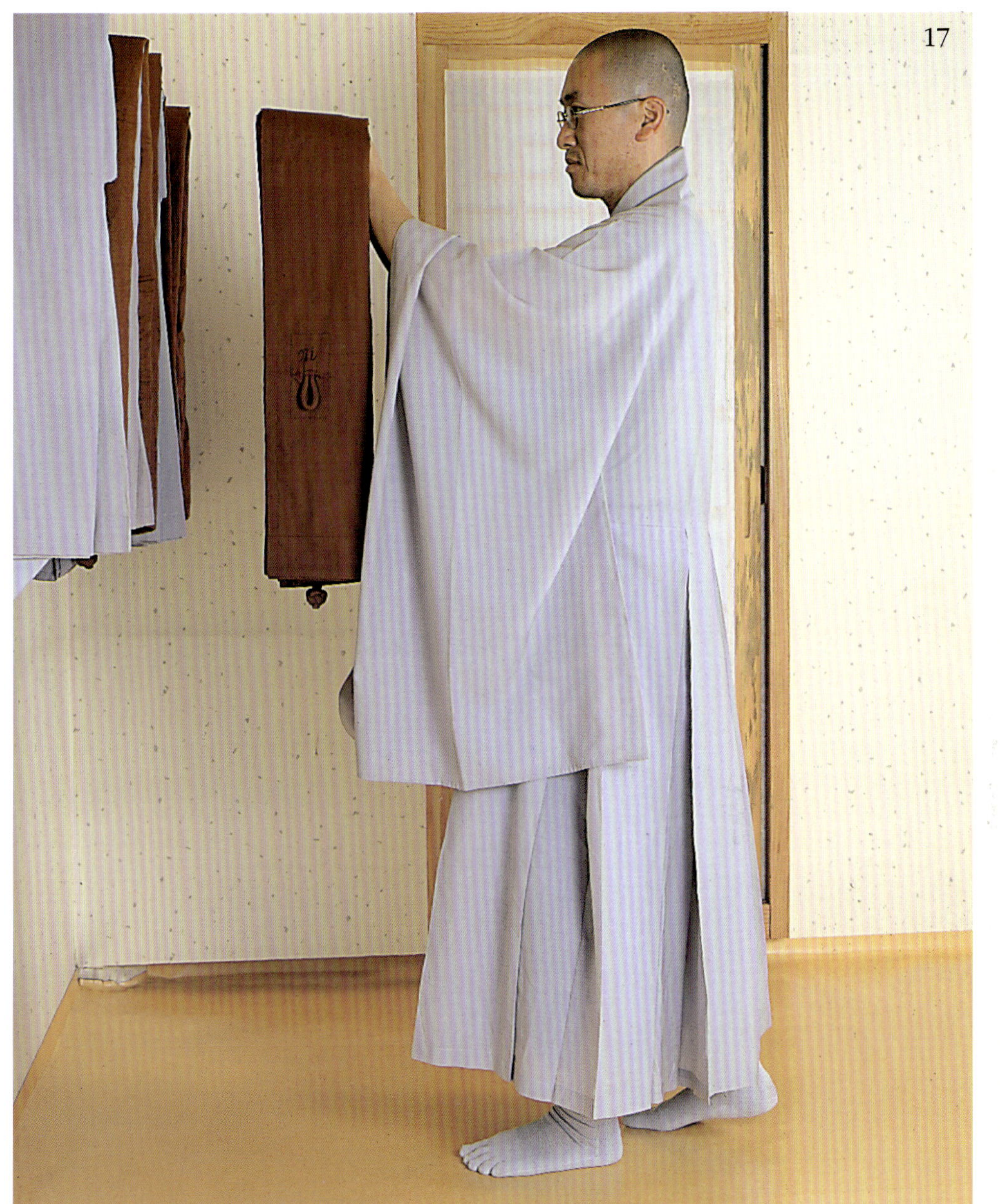

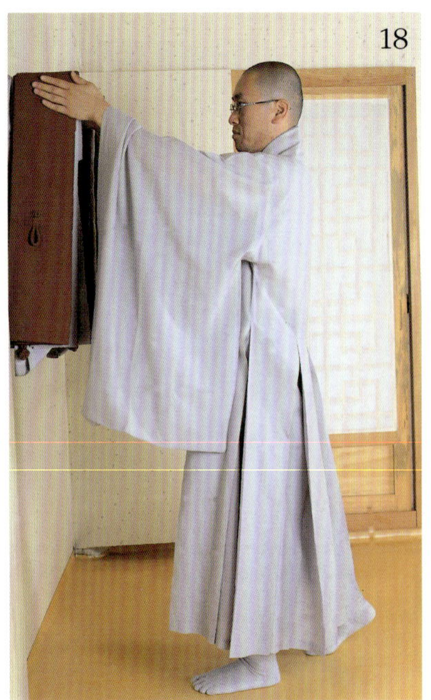

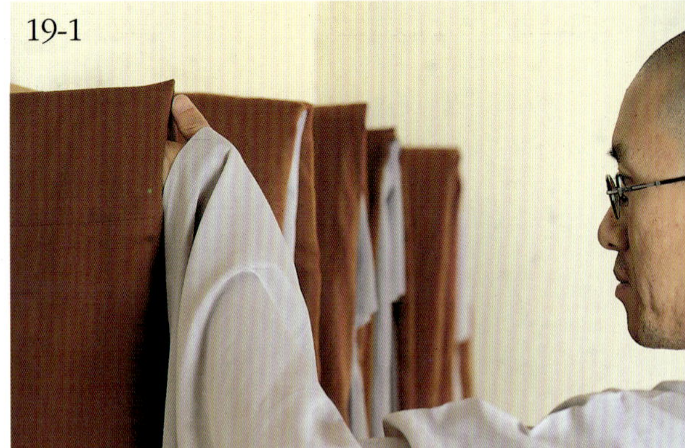

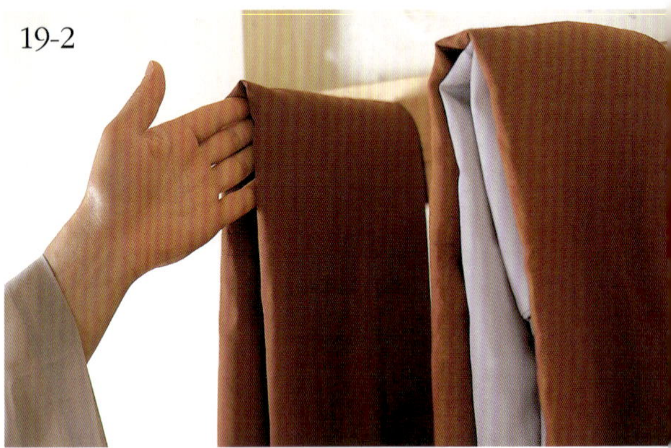

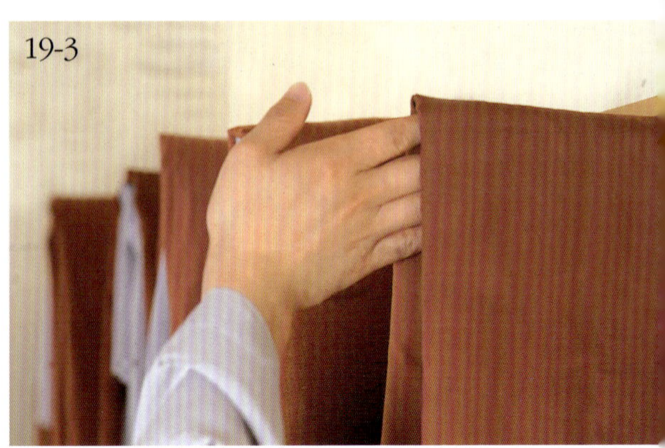

18. 가사의 길이를 맞추어 정리한다.

19. 손 끝으로 가사의 길이를 맞추고 정리한다.

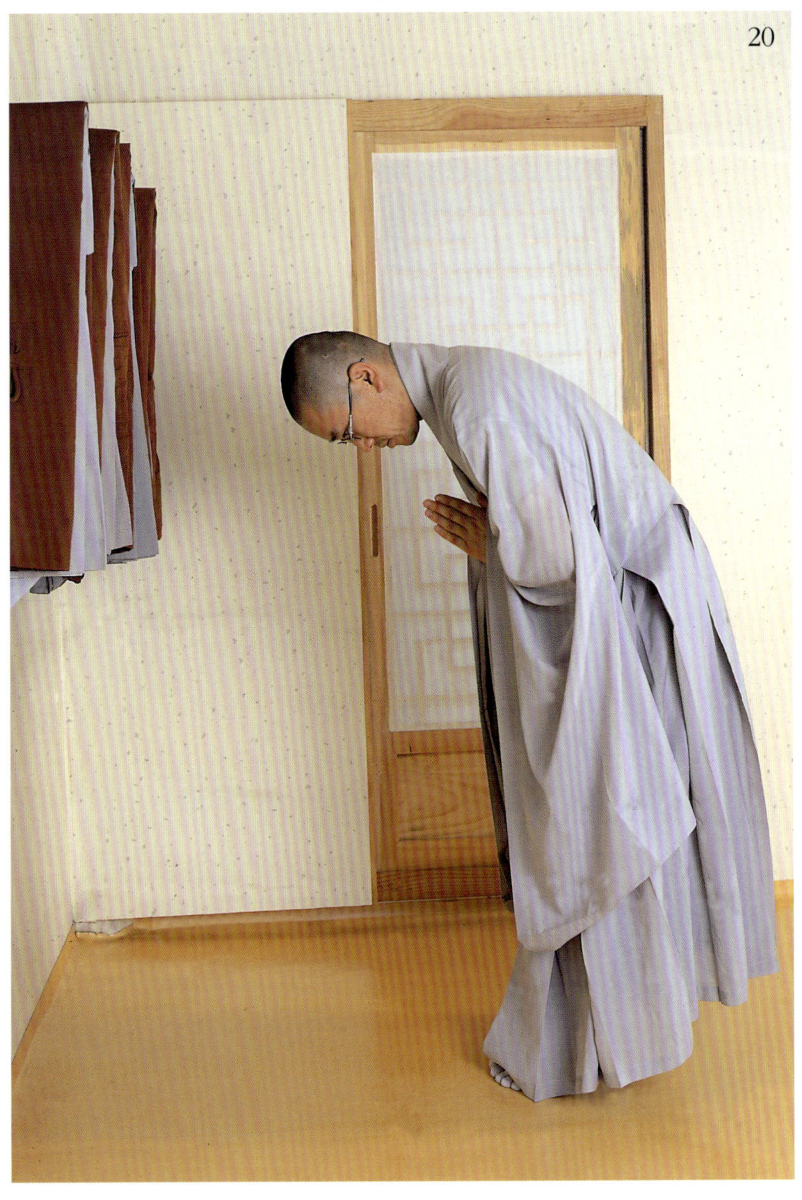

20. 일보 뒤로 물러나 머리 숙여 합장한다.

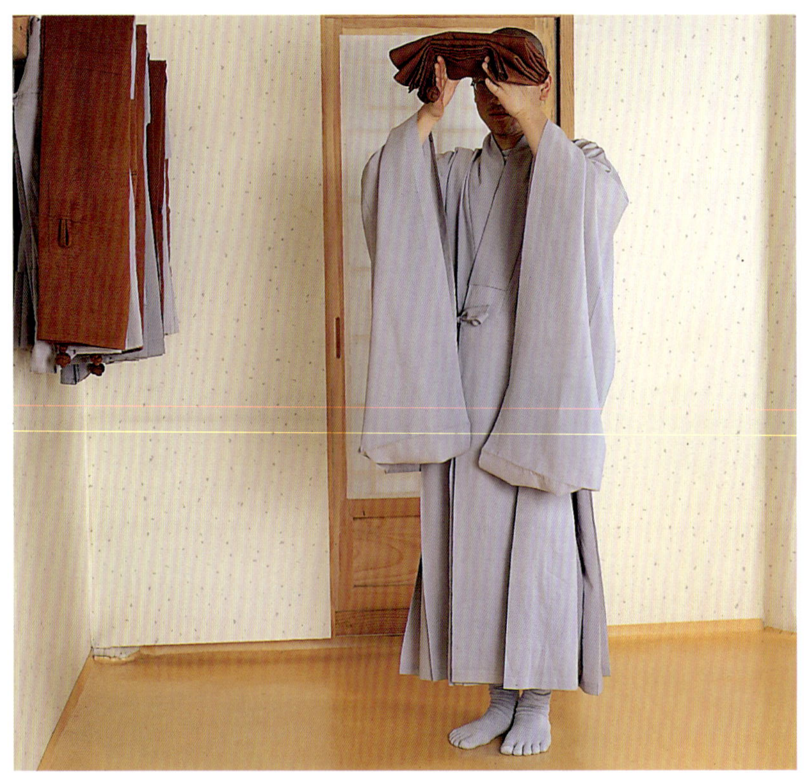

가사 정대하는 모습 가사를 입는다는 것은 중생을 건지고자 오로지 수행의 길을 가는 출가자들에게
는 가장 높은 복 밭을 입는 것이다.

　가사를 입을 때 외우는 게송(偈頌)이 있는데 5조 가사는 "훌륭하다 때 벗는
옷. 가장 높은 복 밭일세. 제가 지금 수합노니 날 때마다 안 놓치리. 옴싣다야 사
바하"이다. 7조 가사는 "훌륭하다 때 벗는 옷. 가장 높은 복 밭일세. 제가 지금
수하노니 날 때마다 늘 입고저. 옴도바도바 사바하"이다. 대가사인 9~25조 가
사는 입을 때 "훌륭하다 때 벗는 옷. 가장 높은 복 밭일세. 내가 지금 수하노니
여러 중생 건지고저. 옴 마하가바 바다싣제 사바하"이다.

가사의 소재와 색

가사의 소재는 주로 평직으로 짜여진 면, 면과 폴리에스테르, 울과 폴리에스테르의 혼방을 사용한다. 견과 마도 드물게 쓰이는데, 견은 봉암사 결의에서 누에의 생명을 단축시키는 것이기 때문에 견의 사용을 금지하였으나 신도의 보시에 의해 이용되기도 한다. 가사의 색은 청색, 흑색, 목란색 등을 혼합한 괴색으로 붉은 고동색이고, 계사(戒師)스님들은 노란색 가사를 입는다.

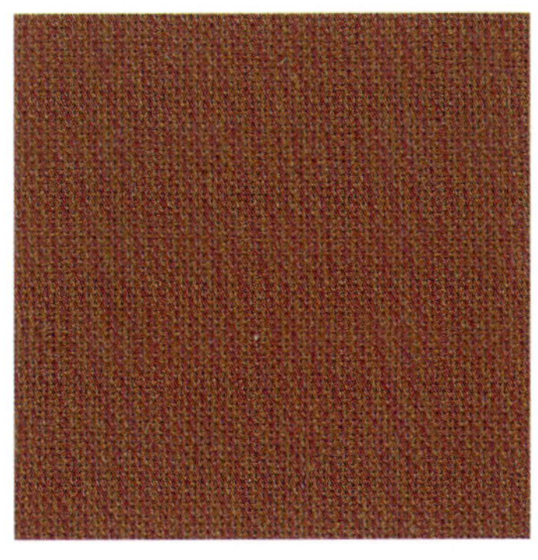

현재 조계종 가사에 쓰이는 소재

그런데 2003년 9월 25일에는 법계위원회 진관사 회의에서 종진 스님에 의해 색상을 밝은 갈색으로 하기로 결의하였다. 그 후부터는 새로 만드는 가사에 적용하고 있다.

가사의 구조와 봉제

조계종 가사의 장과 단은 5조의 경우 1장 1단, 7조와 9조는 2장 1단, 15조와 19조는 3장 1단, 21조와 25조는 4장 1단으로 되어 있다. 조의 배열은 주폭을 중심으로 대칭으로 되어 있으며 겉과 안의 구별이 있다. 엽은 전반적으로 반만 박아 중간을 뜨게 만들며, 장엽과 단엽이 마주치는 부분에서는 4분의 1만 대각선의 방향으로 박아서 조계종 가사의 특징을 나타낸다.

가사의 네 귀퉁이에는 첩이 있는데, 이것은 사천왕을 상징한 것이다. 사천왕은 본래 인도 재래의 방위신(方位神)에서 비롯된 것으로 불교에서 받아들인 호법천왕이다. 수미산(須彌山)의 동방(東方)을 수호하는 지국천왕(持國天王)은

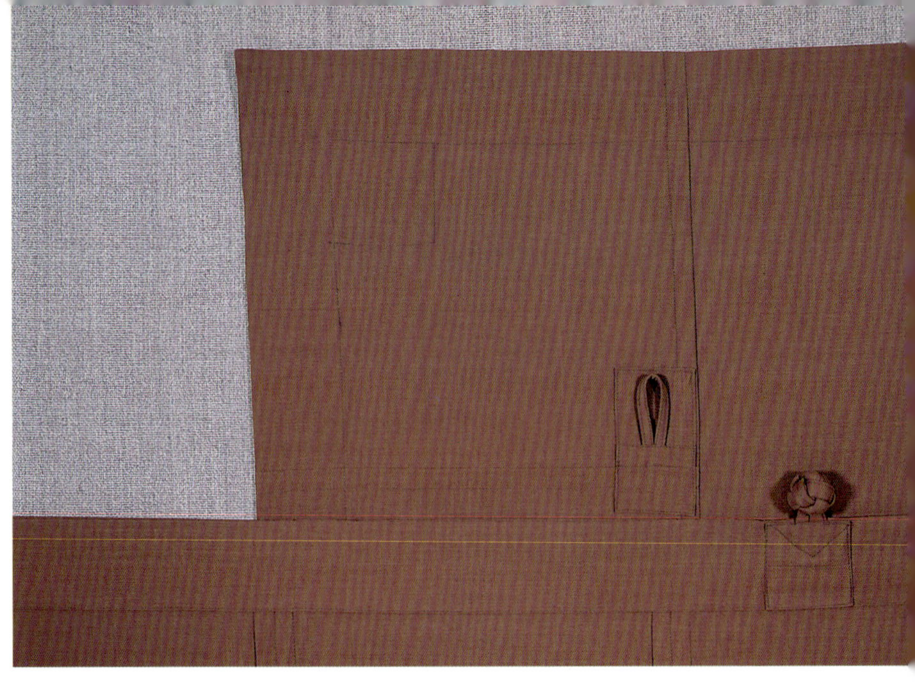

조계종 가사의 연봉매듭 주폭의 위쪽 연에는 덧천이 있고 가사와 덧천 사이에 조계종 가사 특유의 걸개인 연봉매듭을 붙였으며 왼쪽의 변폭 뒤쪽으로 고리를 붙였다.

범어(梵語)로는 드리타라슈트라(Dhṛitarāṣṭra)이며 이 왕은 치국(治國), 안민(安民), 지국(持國) 등을 뜻한다. 남방(南方)을 지키는 증장천왕(增長天王)은 범어(法語)로는 비루다카(Virūḍhaka)이며 중생의 이익을 길러주고 넓혀 준다는 뜻이다. 남방(南方)의 광목천왕(廣目天王)은 범어로 비루팍샤(Virūpākṣa)라 부르며, 서방국토를 수호하고, 중생을 이익되게 해주는 일을 맡은 천왕이다. 북방(北方)을 지키는 다문천왕(多聞天王)은 범어로는 바이슈라바나(Vaiśravaṇa)이다. 따라서 사천왕은 가사를 입는 승려를 사방(四方)에서 보호해 주는 의미와 스님은 사천왕 같이 중생을 구제하기 위해 끊임없이 포교와 자기 수행을 해야 한다는 것을 뜻한다.

　주폭의 위쪽 연에는 가로 6센티미터, 세로 6센티미터의 덧천이 있고 가사와 덧천 사이에 착장구 중 걸개인 연봉매듭을 붙였으며 왼쪽의 변폭 뒤쪽으로 고리를 붙였다.

봉제법을 살펴보면 우리나라의 전통가사에서는 손바느질로 논밭의 수로와 같이 가사에 콩을 넣어 돌아서 나올 수 있는 통문(通門)을 만든다. 통문을 내게 되면 많은 시간과 경비가 들어가므로 조계종 가사에서는 개선하여 통문을 없게 하였다. 또한 시대가 바뀌어 재봉틀이라는 봉제기구가 생겨서 재봉틀로 하는 바느질법을 고안하여 검소함과 편리함을 추구하였다.

치수

대가사는 특대, 대, 중, 소로 구별하여 만드는데 만드는 사람에 따라 치수 차이가 나기도 한다. 대는 가로 270센티미터, 세로 158센티미터이다. 중은 가로 270센티미터, 세로 156센티미터이다. 소는 가로 260센티미터, 세로 143센티미터이다. 첩은 가로와 세로 모두 6.5센티미터로 만든다.

반가사는 가로는 160센티미터, 세로는 70센티미터로 만들며 첩은 4.3센티미터의 정사각형으로 되어 있다. 5조 가사는 치수가 50센티미터인 정사각형으로 되어 있으며 첩은 가로와 세로가 모두 2.2센티미터이다. 주폭과 변폭의 치수의 차이를 비교해 보면 5조를 제외하고는 주폭이 좌우폭보다 크다.

문양

전통 가사에서 볼 수 있는 일·월 등의 문양과 같은 부착물이 없고 네 귀퉁이에는 가사가 터지지 않도록 첩은 있지만 가사와 같은 색으로 하였으며 천·왕 또는 옴 자를 수놓지도 않는다. 직물에도 문양을 넣지 않은 무문직(無紋織)을 사용한다.

태고종(太古宗)

태고종은 조계종의 태고 보우(太古普愚) 스님의 법맥을 계승한 태고 문손 스님들이 중심이 되어 결성한 종단으로 한국 불교의 정통 종단임을 주장한다. 1970년 5월 8일 문화공보부에 한국불교태고종이라는 명칭으로 등록을 필하고 오늘에 이른다. 조계종단이 승려의 결혼을 허용하지 않는 비구 종단임에 비해 태고종단은 비구와 승려의 결혼을 인정하는 뚜렷한 특징을 갖고 있다.

태고종은 석가모니불을 교조로 하여 태고 보우 국사(太古普愚國師)를 종조(宗祖)로 한다고 규정하고 있다. 석가세존의 자각각타(自覺覺他, 스스로 깨닫고 남도 깨닫게 함), 각행원만(覺行圓滿, 스스로 이롭고 남도 이롭게 함)한 근본교리를 봉체(奉體)로 하고 태고종조(太古宗祖)의 종풍(宗風)을 드러내어 널리 펼치게 하여 견성성불(見性成佛, 본래 가지고 있는 불성을 깨달아 부처가 됨) 전법도생(傳法度生, 불법을 널리 펴서 모든 중생을 바른 길로 인도함)을 종지(宗旨)로 한다.

신라 헌덕왕(憲德王) 대(代) 도의 국사(道義國師)로부터 근원이 된 가지산문(迦智山門)의 법통(法統)을 이어받은 고려 공민왕(恭愍王) 대 보우 국사(普愚國師)의 모든 종파를 감싸 끌어안음에 의한 불법 중흥(佛法中興)의 원융종풍(圓融宗風)을 종통(宗統)으로 삼는다. 그 법맥(法脈)은 청허(晴虛)와 부휴(浮休)를 거쳐 이후 끊어지지 않고 대를 이어 받는다고 명시되어 있다. 소의경전은 『금강경(金剛經)』, 『화엄경((華嚴經)』이다.

태고종의 가사는 한국의 전통 가사인 조선시대 가사의 소재, 색, 구조 및 봉제, 문양 등을 그대로 이어 받아 내려오고 있다.

가사의 종류와 입는 법

태고종의 가사는 9조에서 25조까지 있다. 대가사의 종류는 조의 수에 따라 하품, 중품, 상품으로 나누어지는데, 下品(하품) 9조, 11조, 13조는 사미승이 입는다. 중품(中品)은 15조, 17조, 19조가 있으며 중품(中品) 가사 중 15조는 중덕(中德)·대선(大選), 17조·19조는 대덕(大德)·종덕(宗德) 법계의 스님이 착용한다. 상품(上品) 21조, 23조, 25조는 법계가 종사(宗師)·대종사(大宗師)인 스님들이 착장구로는 끈을 이용하여 입는다. 조계종처럼 매듭과 고리를 이용하여 가사를 고정하기도 한다.

25조 가사는 불·보살 명호 가사(佛菩薩名號袈裟)로서 대각 국사의 가사를 재현한 것도 있는데, 장과 단에 불(佛)·보살(菩薩)·경전(經典)의 명호(名號) 등이 수놓아져 있다. 즉 1단(一段: 上段)에는 불의 명호, 2·3단(二三段)에는 좌우 협시보살, 4단(四段)에는 불경, 5단(五段: 下段)에는 존자(尊者)의 명호가 노란색으로 수놓아져 있다.

그런데 조계종에서 입고 있는 5조 가사와 7조 가사는 없으나 조계종과 같은 형태의 반가사가 있으며 요즈음에는 옆이 벌어지는 것을 막기 위해 안에 매듭단추를 달기도 한다. 이 밖에 정지상 스님에 의해 새롭게 디자인된 범어의 옴마니반메훔을 금박으로 찍은 범서 가사와 금사 원단 가사가 있다. 그래서 태고종 가사의 종류는 조의 수에 의해서 나눌 뿐만 아니라 가사의 장엄(莊嚴)의 방법에 따라서 불·보살·경전 명호 가사, 범서 가사, 금사 원단 가사로 나누기도 한다.

소재와 색

가사의 소재는 문양이 직조되어 있는 견을 주로 사용하나, 문양에 대한 특별한 규정은 없다. 계절에 따라 비단이나 갑사를 사용하며, 때에 따라서 합성섬유

표 7. 태고종의 법계에 따른 가사 종류

구분	종류	법계
안타회	5조	없음
울다라승	7조	없음
하품	9조	사미
	11조	
	13조	
중품	15조	중덕 · 대선
	17조	대덕
	19조	종덕
상품	21조	종사
	23조	대종사
	25조	

로 된 소재를 사용하기도 한다. 소재를 비단으로 사용하는 것은 비단을 고급 옷감으로 생각하여, 가사 그 자체가 곧 붓다이므로 붓다를 최고로 공양한다는 의미가 깃들어 있기도 하다.

가사의 색은 주홍색이다. 태고종의 가사색은 홍색으로 『석문의범』에 수록되어 있는 장엄염불에 아미타불의 덕상을 설명하는 구절에 '녹라의상 홍가사'라는 내용이 수록되어 있는데 이 기록을 가사 색에 대한 최초의 기록으로 해석하여 전통 가사색으로 보고 있는 것이다.

또한 우리나라에 불교가 전달될 때 흑장삼과 홍가사가 중국으로부터 처음 전래되어 이를 근거로 우리의 전통 가사 색을 홍색으로 해석하여 오늘날 태고종에서는 가사의 색을 홍색으로 하고 있다. 그리고 우리나라 불 · 보살 탱화에 보면 모든 불 · 보살이 입은 가사의 색이 홍색이며 또한 조사(祖師) 영정의 가사 색도 홍색이다.

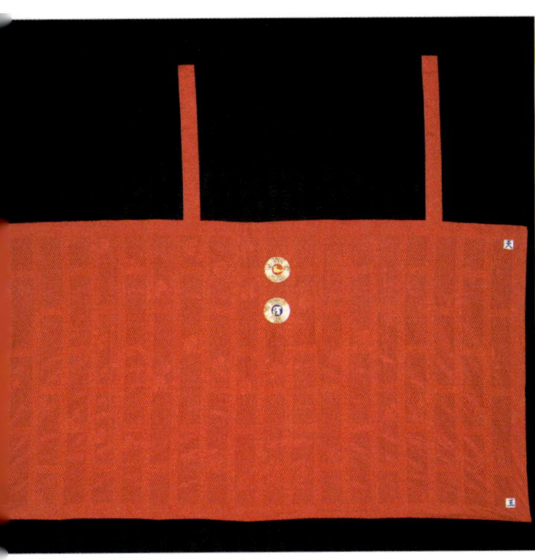

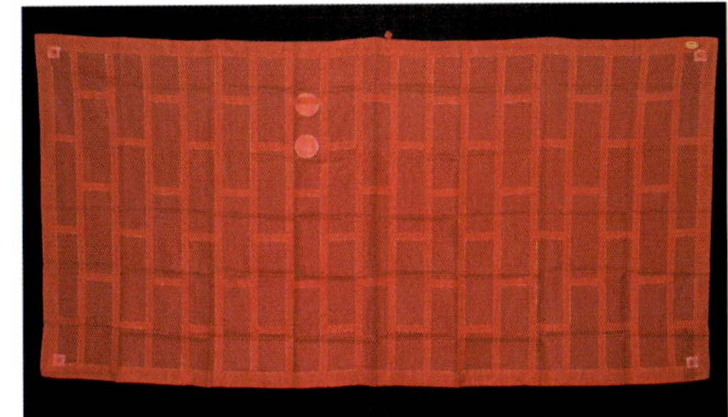

태고종 대가사　흑장삼과 홍가사가 중국으로부터 불교와 함께 전래되었다는 기록을 근거로 우리의 전통가사 색을 해석하여 오늘날 태고종에서는 가사의 색을 홍색으로 하고 있다. 조계종 가사처럼 매듭과 고리를 이용하여 가사를 고정하기도 한다.

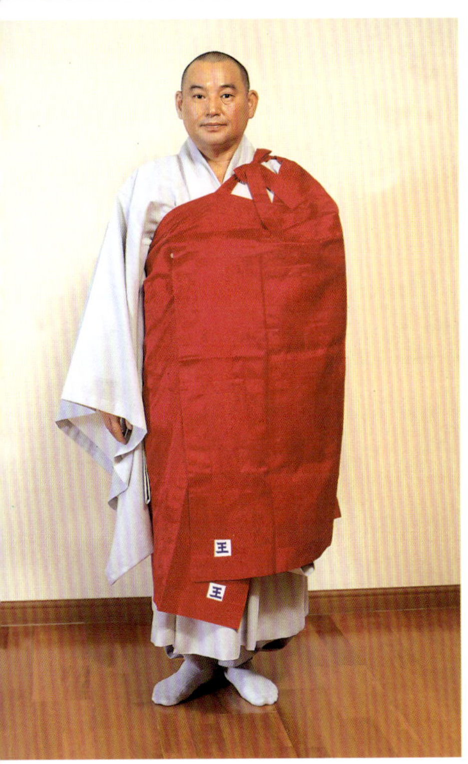

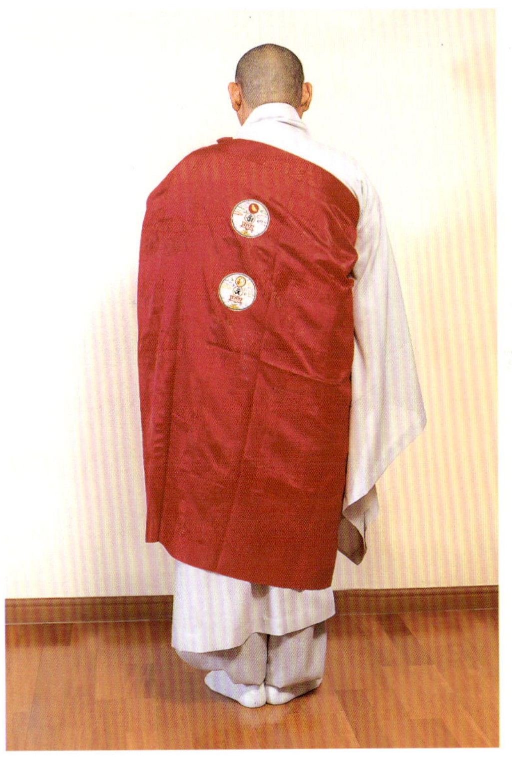

그래서 태고종에서는 홍가사를 부처님을 상징하는 하나의 상징물로 여기기 때문에 가사를 입고는 서로 절할 수 없으며 부처님께만 절할 수 있다고 한다.

구조와 봉제

태고종 가사의 구조를 살펴보면, 9조, 11조, 13조는 2장 1단이다. 15조, 17조, 19조는 3장 1단이다. 21조와 23조, 25조는 4장 1단이다. 첩은 모든 가사에 있으며 첩 자리에 天(천)과 王(왕)을 수놓았다. 주폭을 중심으로 대칭으로 이루어져 있으며 겉과 안의 구별이 있다.

봉제는 한국의 전통 가사를 계승하여 아직도 손바느질을 하고 있으며 꿰매는 데도 법식이 있어 직봉(直縫)을 금하고 천 바탕이 얇은 경우에도 겹쳐 꿰매는 횟수가 정해져 있다. 대부분은 2겹 이상 꿰매지 않으며 2겹 이상이 될 때는 위에서만 뜨는 허공침을 사용한다. 엽(葉)이 안에서 서로 통할 수 있도록 하기 위해서이다.

가사를 만들 때는 반 당침을 주로 사용하는데 이 바느질법은 한 땀씩 뒤로 물러가서 다시 뜨는 것으로 겉으로 보기에는 홈질과 같이 보이나 홈질보다는 단단하며 반박음질보다는 성근 것이다. 박음질과 같은 이치인데 바늘을 뒤로 뜰 때 반쯤 돌려서 뜬다(삼합三合으로 꼰 명주실이 풀리는 것을 방지하기 위함). 특히 가사의 바느질에서는 한 땀이 길지 않고 동글동글하게 보이도록 하는 것이 특징이다.

연(緣)의 내침(內針)은 상침으로 하는데 겉에서 안 솔기를 세 땀씩 나타나도록 간격을 맞추어 상침을 한다. 상침은 방석이나 보료 또는 보자기 귀 같은 곳에 장식을 겸하여 사용하는 바느질이다. 연의 당침은 반당침으로 한다. 바늘땀과 간격을 일정하게 하되 통문(通門, 통문불)을 둔다. 가사 바느질은 동글동글

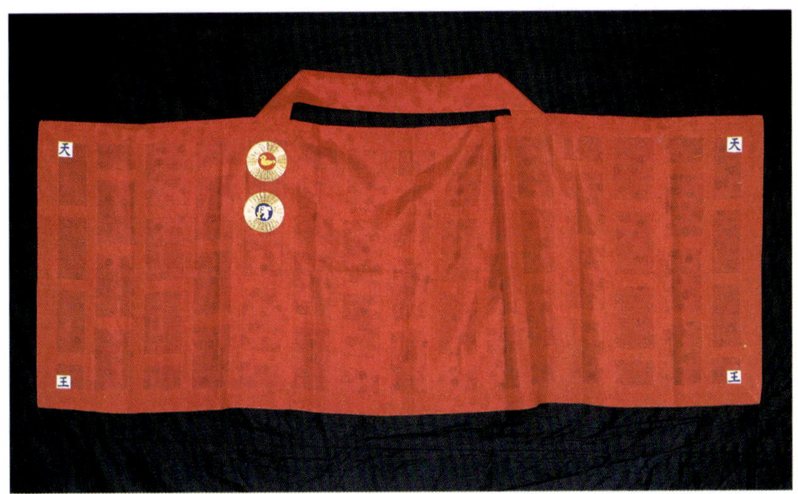

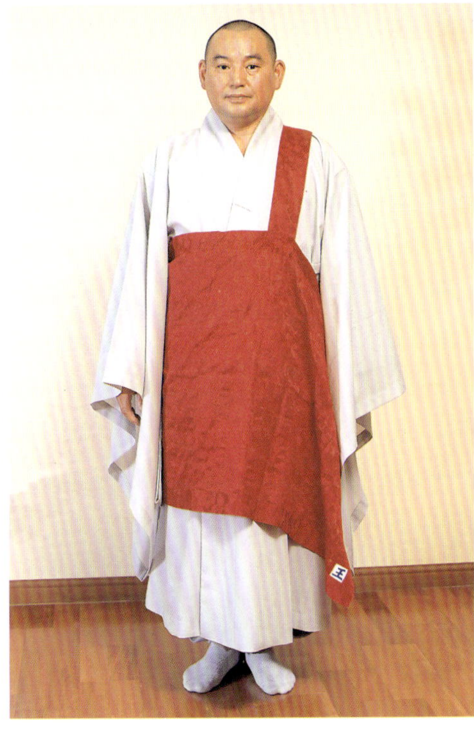

태고종 가사 　조계종과 같은 형태의 반가사이며 요즈음에는 옆이 벌어지는 것을 막기 위해 안에 매듭단추를 달기도 한다.

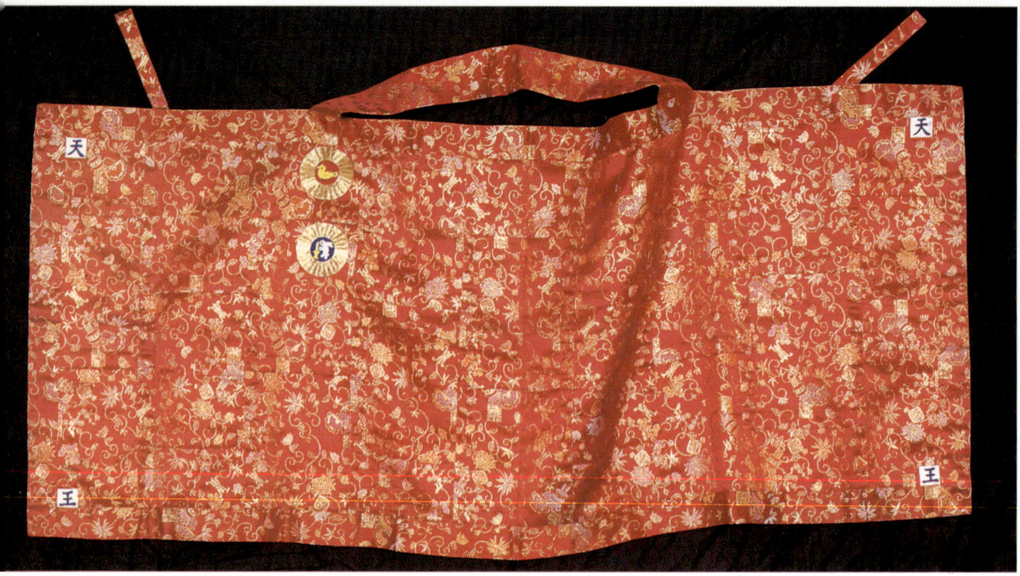

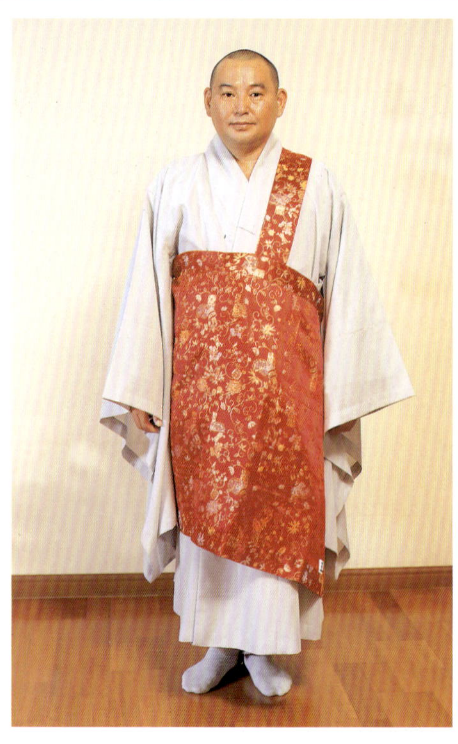

금사 원단 가사　태고종 가사의 종류는 조의 수에 의해서 나눌 뿐만 아니라 가사의 장엄 방법에 따라서 나누기도 한다. 태고종단에서 가사의 소재를 비단으로 하는 것은 비단을 고급 옷감으로 생각하여, 가사 그 자체가 곧 붓다이므로 붓다를 최고로 공양한다는 의미가 깃들여 있기도 하다.

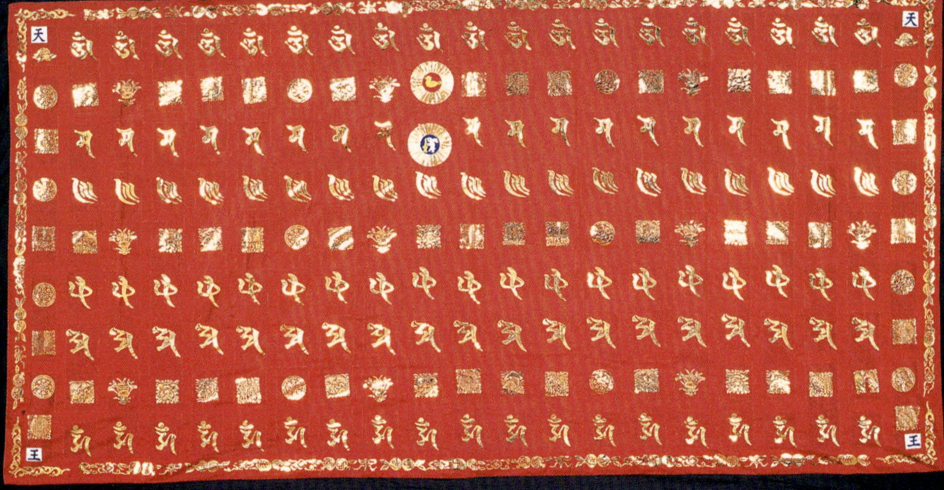

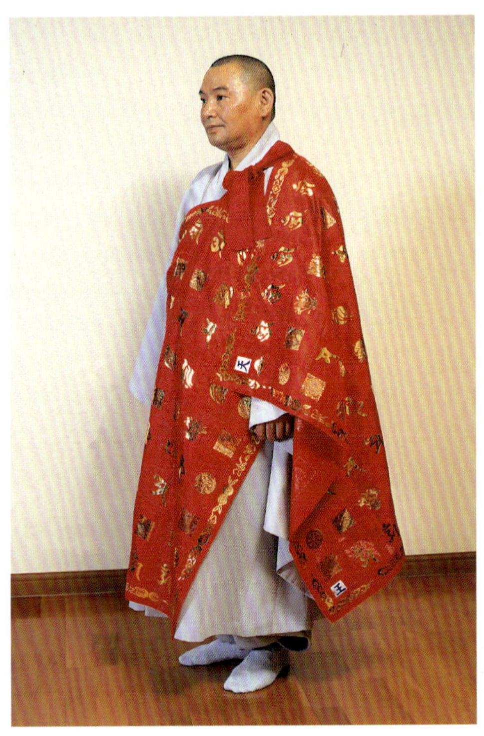

범서 가사   범어의 옴마니반메훔을 금박으로 찍은 범서 가사는 다른 종단에서 볼 수 없는 화려하고 고급스러운 가사이다. 태고종에서는 홍가사를 붓다를 상징하는 하나의 상징물로 여기기 때문에 가사를 입고는 서로 절할 수 없으며 붓다께만 절할 수 있다고 한다.

* 한국불교태고종 불이성 대륜사 주지 심진 스님이 태고종의 가사를 입고 보여 주었다.

보이도록 하는 것이 특징이다. 땀이 커서 너무 허옇게 보여도 보기 나쁘고 너무 작아서 안 보여도 반당침의 장점이 감소된다. 바느질은 주폭을 중심으로 양쪽으로 같은 수만큼 이어 붙인다. 그 다음에 네모로 완성된 위에 연을 바깥쪽은 반당침으로 그대로 하되 안쪽은 상침(上針)으로 세 땀씩만 뜬다. 그리고 네 귀를 짠 다음 사천왕(四天王)과 일월광(日月光)을 달고 영자(끈)를 품에 맞게 달아 완성시킨 다음 점안식을 거쳐야 비로소 법의(法衣)로서 탄생된다.

그리고 전통 가사의 특징인 통문은 조(條)와 제(堤)가 밭이랑을 상징하는 것으로, 물이 늘 흘러내리듯 트는 것이다. 또 각 조의 엽과 연에 옆으로 약 1센티미터 되는 구멍을 내서 통하도록 한 것을 말한다. 또한 보살이나 부처님이 이 문을 통해 드나들고 있음을 상징하는 것으로 통문불이라고도 한다. 바느질 방법은 장과 단 사이의 엽을 바느질하면서 허공침을 하는데 이 통문에 콩알을 넣어 사방으로 굴려서 통해야 한다. 하품은 다섯 땀, 중품은 일곱 땀, 상품은 아홉 땀을 뚫어 놓으며 하품(下品)에는 오불(五佛), 중품(中品)에는 칠불, 상품(上品)의 가사에는 아홉 분의 부처님을 통문마다 모시고 있다.

하품회상(下品會上)에는 통침 때에 제일 청정법신비로자나불, 제이 원만보신노사나불, 제삼 천백억화신석가모니불, 제사 구품도사아미타불, 제오 당래하생미륵존불, 중품회상(中品會上)에는 통침 때에 제일 유위불, 제이 시기불, 제삼 패엽불, 제사 구류손불, 제오 구나함모니불, 제육 가섭불, 제칠 교주석가모니불, 상품회상(上品會上)에는 통침 때에 제일 금강당불, 제이 아미타불, 제삼 석가모니불, 제사 미륵존불, 제오 아촉불, 제육 묘색신불, 제칠 묘음성불, 제팔 향적광불, 제구 대통지승여래불 등 상품에서는 구불명호를 중품에서는 칠불명호를 하품에서는 오불명호를 외워야 한다고 되어 있다. 그리고 통문불은 가사 점안 의식의 통문불하고 일치하는 것을 알 수 있다.

구품가사 중에 25조 상상품 한 벌만 통문의 기준을 정하고 있는데, 25조 중 24조의 조마다 장엽에 각각 아홉 개씩 통문이 있고, 단엽에 25조 각각에 네 개씩 있고, 좌·우의 입연에 여덟 개씩 있고. 상·하 연에 각각 여덟 개씩의 통문이 있어서 모두 332개의 통문을 가지고 있다. 상품에는 구불을 모시므로 통문 일문에 바느질할 때에 제구녁 뜨기로 9땀을 뜨면서 한 땀마다 1불 명호를 부르도록 되어 있다. 그러므로 통문의 바느질 땀수는 332문에 각 아홉 땀을 곱하여 25조 가사 한 벌의 통문 바느질 땀수는 2,988땀으로 뜨도록 되어 있다.

그러나 지금은 반당침을 하므로 아홉 땀을 만들면 통문이 너무 넓어지기 때문에 일곱 땀만을 뜬다고 하더라도 9불을 다 불러야 한다. 그리고 일광보살은 주폭에서 좌폭 쪽으로 두 번째 조의 첫째 하장에, 월광보살은 두 번째 하장에 위치하게 된다. 이는 일반적으로 구름 사이에 있는 해와 달이라고 하여 여러 색으로 수놓은 것을 위 아래로 단다.

표 8. 가사 품계와 통문불 명호

구분	품계	통문수	통문불 명호
9조	하품하	74	제일 청정법신비로자나불, 제이 원만보신노사나불,
11조	하품중	88	제삼 천백억화신석가모니불, 제사 구품도사아미타불,
13조	하품상	102	제오 당래하생미륵존불
15조	중품하	159	제일 유위불, 제이 시기불, 제삼 패엽불, 제사 구류손불,
17조	중품중	179	제오 구나함모니불, 제육 가섭불, 제칠 교주석가모니불
19조	중품상	199	
21조	상품하	280	제일 금강당불, 제이 아미타불, 제삼 석가모니불,
23조	상품중	306	제사 미륵존불, 제오 아촉불, 제육 묘색신불, 제칠 묘음성불,
25조	상품상	332	제팔 향적광불, 제구 대통지승여래불

치수

태고종 가사를 만들 때의 가사의 크기는 보통 남자의 키(160~180센티미터)를 기준으로 하여서 25조 가사를 만들려고 한다면 완성된 가사의 크기가 가로 230센티미터, 세로 110센티미터 정도로 잡아야 하는데 이것은 기준이 일정한 것이 아니고 100×200센티미터를 중심으로 침공하는 사람이 키를 감안하여서 사용자 요구에 맞추고 있다.

대가사는 가로 180~240센티미터, 세로 85~120센티미터크기의 장방형이며, 반가사는 보통 가로 160~170센티미터, 세로 60~70센티미터 크기로 한다. 주폭과 좌우폭의 가로 치수를 비교하면 주폭과 좌우폭이 재단할 때는 치수가 같다. 그런데 완성된 상태에서는 주폭을 보았을 때는 엽이 양쪽으로 있는데 반해 좌우폭은 엽이 한쪽으로 있기 때문에 주폭이 좌우폭보다 치수가 크게 나타난다.

문양

태고종 가사 중 25조 가사는 고려시대 대각 국사 가사와 같이 불·보살·경전이 수놓아져 있다. 그리고 태고종의 가사는 조선시대 가사를 그대로 사용하고 있으므로 가사의 중앙 상부에는 중국의 12장복(章服)에서 보는 일·월을 나타내는 부착물이 있다. 일·월 문양은 두 가지 형태로 되어 있다. 즉 다리가 셋 달린 길조(吉兆)인 상상의 새인 삼족오(三足烏)와 토끼를 수놓고 있다. 원형의 판에 수를 놓는데 바탕이 홍색인 원 속에는 노란색의 삼족오가 있고 보라색의 원 속에는 흰색의 토끼가 있다. 두 개의 원 바깥쪽은 각각 금사로 장식하고 있다. 또 다른 형태는 삼족오와 범어의 옴, 토끼와 범어의 남으로 되어 있다.

삼족오(三足烏)는 닭이 이상화(理想化)된 것이라고 한다. 주대(周代)에 적오(赤烏)를 상형(象形)하였다. 이 삼족(三足)은 삼공(三公)을 상형(象形)한 것이

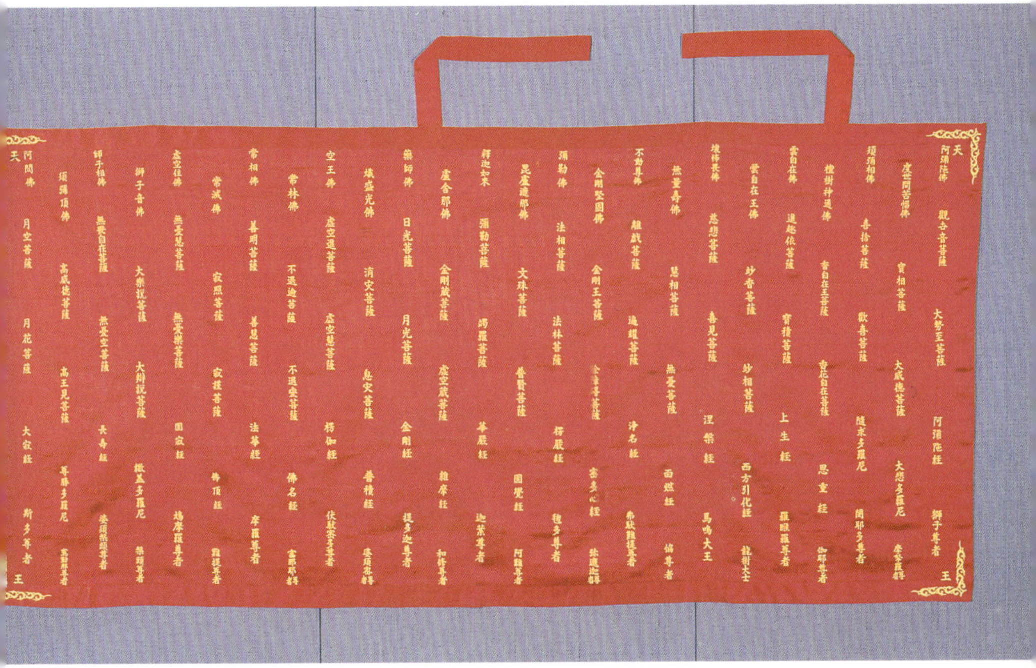

불·보살 명호 가사   대각 국사의 가사를 재현한 것으로 장과 단에 불·보살·경전의 명호 등이 수놓아져 있다. 즉 1단에는 불의 명호, 2·3단에는 보살, 4단에는 불경, 5단에는 존자의 명호가 노란색으로 수놓아져 있다.

그림 4. 태고종 가사의 통문의 위치

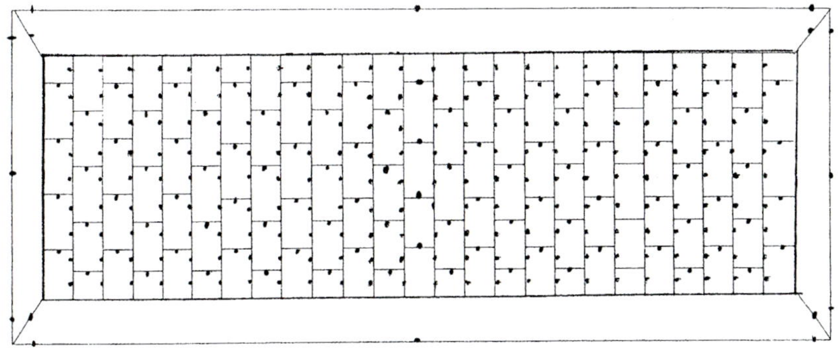

다. 일설에는 부(父), 모(母), 자(子)를 말한다고도 하며, 또 왕(王)을 중심으로 한 좌우(左右)의 대신(大臣)을 가리키는 것이라고도 한다.

『본생경(本生經)』에 삼족오에 대하여 나온다.

붓다께서 과거 인행(因行)하실 때 금까마귀로 태어나신 적이 있다. 그런데 까마귀 왕의 왕비가 사람의 임금이 사는 궁중 음식을 먹고 싶어했고 급기야 말라죽게 되었다. 금까마귀는 왕비를 구하고자 궁중으로 날아가서 임금의 수라상을 들고 가는 궁녀의 코를 물어 상을 떨어뜨리게 하고는 엎질러진 음식을 잔뜩 물고 와서 왕비에게 바쳤다. 이러한 일이 수차 반복되자 임금은 신하를 시켜서 금까마귀를 잡도록 했다. 사람의 손에 잡힌 금까마귀에게 임금은 그 연유를 물었고 금까마귀는 사실대로 다 말했다. 왕은 '사람도 흉내 내기 어려운 충심이로다. 과인이 그대를 위해 오늘부터 상을 하나씩 더 차리게 하리라' 하고는 하늘을 우러르며 '하늘이시여 저 까마귀의 모습을 해 속에 옮겨 넣어 모든 인간들의 빛이 되게 하소서' 라고 기원했다. 그 뒤로 금까마귀의 모습이 해 속에 나타나게 되었다.

불교에서는 그래서 삼족오는 사랑을 나타내며 태양을 상징하는 것으로 일광보살을 의미한다.

토끼의 형상은 계수나무 아래에서 약방아를 찧고 있다. 이 달 속의 토끼와 계수나무의 전설이 멀리 인도를 비롯하여 중국과 한국, 일본 등지에도 널리 전해오고 있음을 보아서, 인도에서 불교의 전래와 함께 유래된 것으로 보인다. 토끼는 부처님의 전생의 생활을 묘사한 설화인 본생담 『자타카』 2장을 보면 아주 오랜 옛날 토끼와 여우 그리고 원숭이가 있었는데 종류는 달랐지만 힘써 제석을 따라 수행하였다.

　어느 때 제석은 그들이 닦은 보살행을 시험하고자 노인으로 변하고 나타나 이들에게 말하기를 '여보게들 잘들 지내셨는가? 늙은이가 멀리서 온 것은 너무 시장해서 일세. 먹을 것을 좀 주겠나' 하니, 그들은 잠시 기다리라 하더니, 여우는 잉어를 물어오고, 원숭이는 아름다운 과일을 따 가지고 와 노인에게 드렸는데, 토끼만이 빈손으로 와서는 원숭이와 여우에게 말하기를 나무를 모아 불을 지피라고 하였다. 불이 지펴지자 토끼는 노인에게 '제 몸이 비록 작기는 하지만 한번의 식사는 될 것입니다' 하며 불 속으로 뛰어들고 말았다. 이때 노인은 수미산 정상 도리천의 천주(天主)인 하늘임금 제석의 몸으로 바뀌어 불을 헤치고 유해를 수습하였고 탄식하며 원숭이와 여우에게 말하기를 '어떤 정성이 여기에 미치랴. 그의 행적을 잊지 않게 하리라' 하고 그의 유해를 달에 옮겨 후세에 전하였다.

　이 설화에서 보여 주는 토끼는 헌신의 이미지를 나타내며 월광보살을 의미한다.

　그런데 일광보살과 월광보살은 모두 약사여래의 양 협시보살로 약사유리광 정토 가운데 대표적인 두 보살이다. 보살은 현실적인 고통을 제거해 주고 안락하게 해주는 성격을 갖는 보살이라고 하겠다. 『정유리정토표(淨瑠璃淨土標)』에 기술되어 있는 두 보살의 형상을 보면 '일광보살은 적홍색으로 왼손의 손바닥에 해(日)를 놓고 오른손으로 천상에 핀다고 하는 만주적화(蔓朱赤花)를 잡고 있으며, 월광보살은 백홍색으로 왼손의 손바닥에 월륜(月輪)을 놓고 오른손으로는 홍백의 연꽃을 잡고 있다' 고 하였다. 그래서 토끼와 삼족오가 상징하는 의

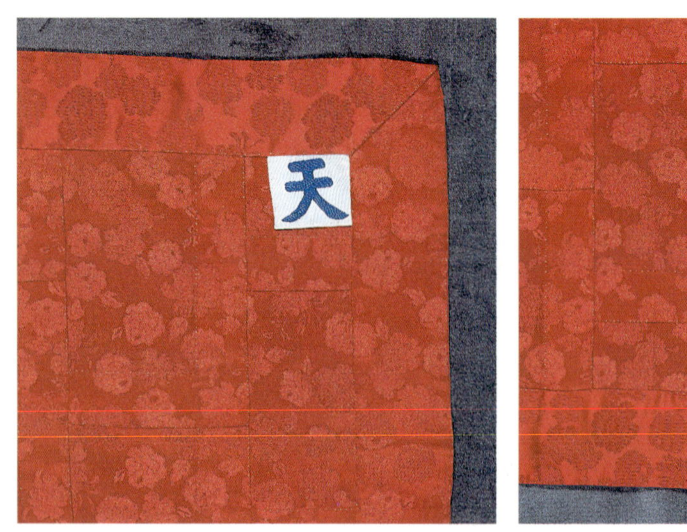
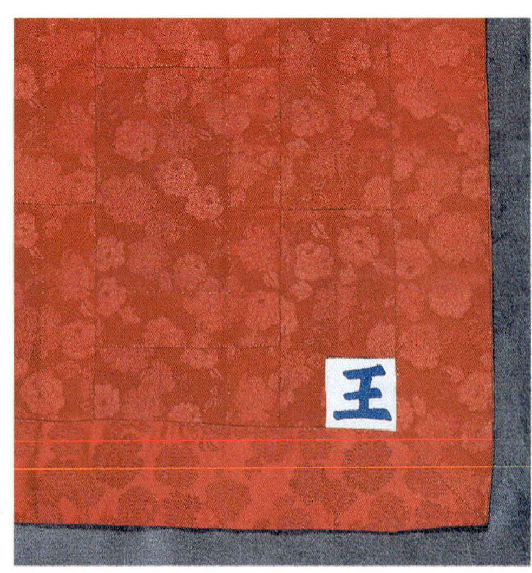

천·왕 문양　가사의 네 개의 모서리에 있는 첩에는 사각의 흰색 바탕에 짙은 청색으로 사천왕을 상징하는 천과 왕을 수놓아 붙였다.

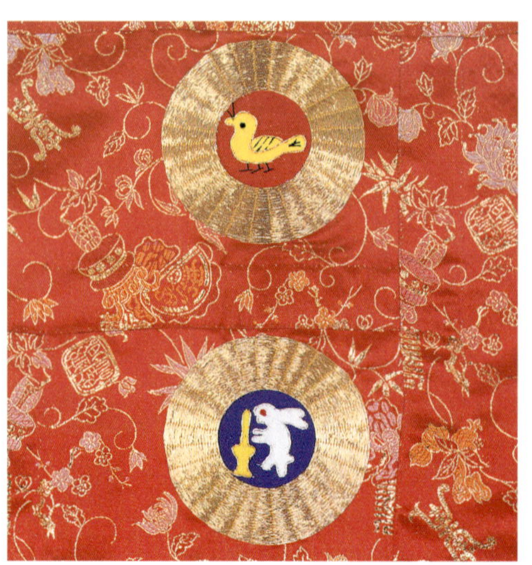
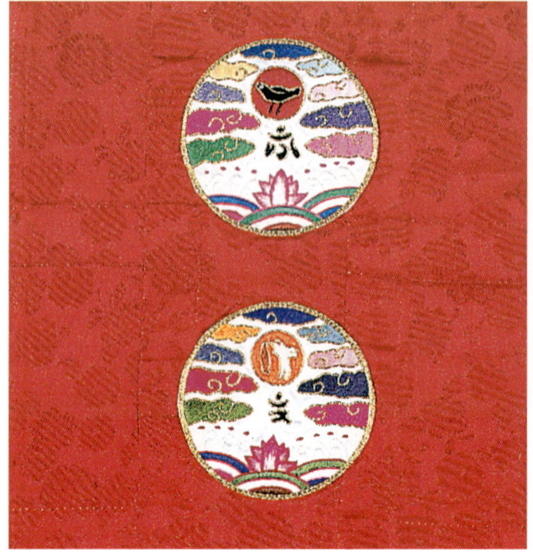

일·월 문양　삼족오와 토끼가 가사에서 상징하는 것은 해와 달과 별들의 세계인 명성숙천을 의미하기 때문에 이 옷을 입고 우뚝 선 사람은 도리천의 주인 제석천왕이 되는 것이다. 불교설화에서 토끼와 삼족오는 사랑과 헌신이 생명의 근원임을 의미한다.

미는 사랑과 헌신이 생명의 근원임을 가르쳐 주고 있다.

그뿐 아니라 우리나라 가사에 일광(日光)과 월광(月光)을 붙이게 된 유래가 있다고 한다. '옛날 불심 깊은 포수 부인이 가사 불사에 동참하여 가사를 만들었다. 그런데 남편인 대복이라는 이름을 가진 포수가 부인을 오해하여 죽이려고 화살로 쏘았으나 부인이 만든 가사가 대신 화살을 막아 부인을 살렸다' 는 일 · 월광 문양에 얽힌 고사가 그것이다. 그래서 일 · 월광 문양의 부착물은 우리나라에만 있는 것이다.

따라서 가사에 삼족오와 토끼를 부착하는 것은 세 가지로 생각할 수 있다. 첫째는 구멍이 뚫린 가사는 파(破)가사라 하여 사용하지 못 하게 되니까, 검소한 마음으로 구멍 난 곳에 밝음을 상징하는 해와 달의 문양이 있는 천으로 덮어 막아 다시 쓸 수 있도록 하였다. 둘째는 삼족오와 토끼가 가사에서 상징하는 것은 해와 달과 별들의 세계인 명성숙천(明星宿天)을 의미하기 때문에 이 옷을 입고 우뚝 선 사람은 은 도리천의 주인 제석천왕이 되는 것이다. 셋째는 정법계(淨法界) 진언인 옴과 남을 가사에 붙인 것은 가사를 입은 사람은 의식(意識)의 대상(對象)이 되는 모든 사물을 정화해야 한다는 의무도 있음을 의미한다.

그 외 문양으로 가사의 네 개의 모서리에 있는 첩에는 사각의 흰색 바탕에 짙은 청색으로 사천왕을 상징하는 천과 왕을 수놓아 천(天) 자는 위쪽에, 왕(王) 자는 아래쪽에 붙였다.

천태종(天台宗)

천태종(天台宗) 종단의 설립 연도는 1966년이다. 그 이듬해인 1967년 1월 24일에 대한불교천태종으로 등록함으로써 명실공히 한 종단으로서 출발을 하게 되었다.

불교의 역사에서 천태종의 기원을 찾는다면, 중국의 지자 대사(智者大師, 538～597년)부터이다. 지자 대사는 중국 남쪽의 천태산(天台山)에서 9년 동안 수도한 후 도를 깨닫고 『법화경(法華經)』을 중심으로 한 새로운 불교 운동을 전개하였다. 천태종이란 이름은 지자 대사가 수행했던 천태산을 종명(宗名)으로 삼았던 데에서 기인한다. 천태종이 우리나라에서 한 종파로 시작을 하게 된 것은 1097년 무렵, 고려시대 문종(文宗)의 넷째아들로 출가한 의천(義天) 대각 국사(大覺國師)로부터이다. 그 후 400여 년 동안 융성하다가 조선의 배불정책으로 선·교(禪教) 양종 통폐합되면서(1424년) 천태종은 종파로서의 맥이 끊어져버렸다.

500여 년 동안 종파로서의 자취도 없이 내려오다가 박상월(朴上月) 스님에 의해 중창(重創)되었던 것이다. 엄밀하게 말하면 1966년에 설립된 현재의 천태종은, 중국 지자 대사가 일으킨 천태종이긴 하나 500여 년 전 대각 국사가 일으켰던 천태종과는 차이가 있다고 본다. 사회학적인 관점에서 보면 신흥불교(新興佛教)로 보아야 할 것이다. 『법화경』을 제1의 소의경전을 삼고 『법화삼대부』와 『대지도론』, 『열반경』, 『대품반야경』 등을 부속 소의경전으로 삼는다.

천태종의 교리는 우주에 존재하는 모든 것은 공(空), 가(假), 중(中) 세 개의 진리를 모두 가지고 있는데 이 세 개의 진리는 각각 나머지 두 개의 진리를 모두 그 속에 갖추고 있으므로 이를 삼제원융(三諦圓融)이라 한다. 이런 이치를 한마음 위에 관(觀)하는 것이 일심삼관(一心三觀)이라 한다. 이 일심삼관이 천태수행의 길이 되는 것이다.

이리하여 모든 제법(諸法)이 현실에 있는 그대로 실상(實相)이라는 법화경의 사상을 체득하는 것이다. 또 『법화경』에서 가르친 "부처님 가르침의 최후 목적은 모든 중생이 부처가 되게 하는 것"이라는 회삼귀일(會三歸一)의 정신과 '부처님의 깨달음은 구원실성(救援實成)의 영원한 것' 이라는 『법화경』의 사상이 천태종 교리의 주요 골자가 되는 것이다.

가사의 종류와 입는 법

천태종의 스님들은 수도할 때나 법요 행사를 할 때는 수도승으로서 위의를 갖추기 위하여 회색 승복과 장삼을 입고 그 위에 가사를 수한다. 일상생활과 작업을 할 때는 능률을 고려하여 작업복을 입으며 사문 밖으로 출타할 때는 세속과 함께 적응하는 동사섭(同事攝, 불보살이 중생을 제도할 때 중생의 근기에 따라 주면서 교화하는 것)의 방편을 써 일반 속복을 입는다.

천태종의 가사는 9조부터 25조까지 있으며, 9조는 6급 법계인 정법승, 13조는 5급 법계인 대덕을 품수하여야 착용할 수 있는 가사이다. 21조 상품가사는 2급 법계 종사인 스님이 입는 가사로, 대각 국사의 가사를 토대로 하였다. 9조에서 21조까지 입는 방법은 끈을 이용하여 조계종·태고종과 마찬가지로 오른쪽 어깨를 드러내고 왼쪽 어깨는 감싸는 형식인 편단우견으로 입는다.

천태종의 25조 금란가사는 1급인 대종사가 입는 가사로 대각 국사의 가사를 토대로 하여 중요무형문화재 제48호 이만봉 스님의 가사도를 원본으로 제작하였다. 또한 중요무형문화재 제80호 한상수 씨의 자수 고증(刺繡考證)을 받아 천태종에서 직접 조성하였다. 가사를 고정하는 방법으로 천태종의 종기인 금강저가 새겨진 쇠고리와 걸개를 사용한다. 천태종은 법계에 따른 가사는 조·

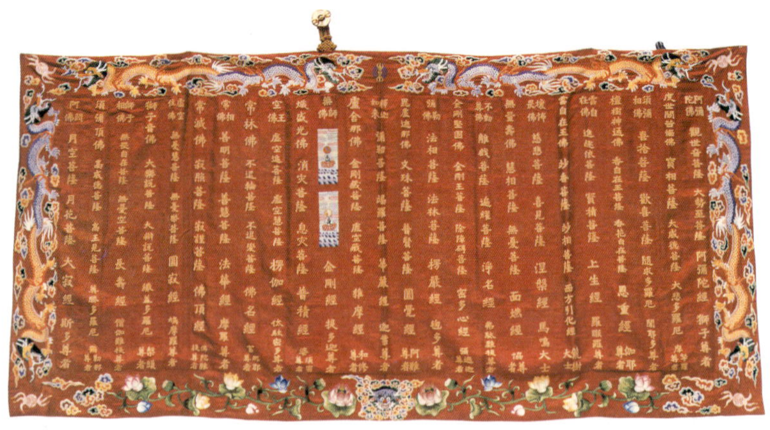

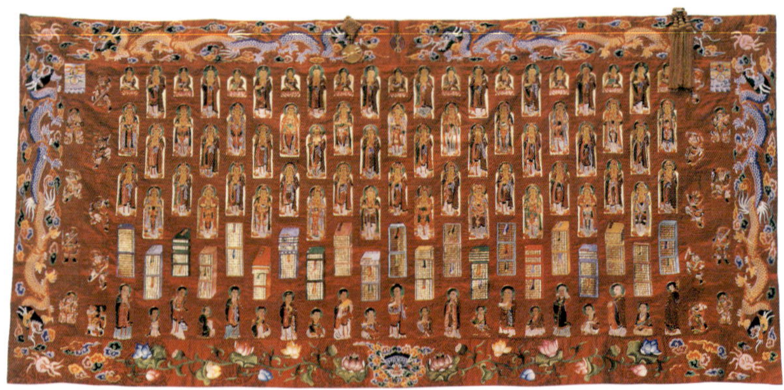

천태종 대가사　25조 가사는 두 종류가 있는데 대각국사 가사의 불보살 · 경 · 존자 등을 수놓은 가사 (위)와 이것을 형상화하여 수를 놓은 것이다(아래). 25조는 대가사로서 주홍색 공단 바탕에 직사각형 의 장단에 여러 가지 아름다운 색상으로 수놓아져 있다.

색 · 문양에 따라 다르다.

색과 소재

9조 가사의 소재는 사미와 비구를 구별하여 정해진다. 사미가 착용하는 9조 가사의 소재는 보통 울 50퍼센트, 폴리에스테르 50퍼센트 혼방을 사용한다. 그런데 비구가 착용하는 가사는 13조·21조·25조 모두 견직물을 사용하고 있다. 색은 9조는 보라색, 13조는 갈색이다, 21조는 주홍색으로 되어 있다. 그리고 25 조 가사의 색은 주홍색이며 안은 노란색 견으로 되어 있다.

구조와 봉제

천태종 가사의 구조는 9조와 13조에는 2장 1단, 21조와 25조는 4장 1단으로 조와 장과 단은 규칙적으로 되어 있다. 첩은 9조와 13조는 있으나, 21조와 25조 에는 없다.

중조를 중심으로 대칭이며 겉과 안의 구별이 있다. 봉제는 태고종과 마찬가 지로 전통 가사를 계승하여 손바느질을 하며 통문을 내고 있다.

치수

9조는 가로가 169.5센티미터, 세로는 101.1센티미터이다. 13조는 가로 200.3 센티미터, 세로는 101.5센티미터이다. 21조는 가로 208.5센티미터, 세로는 109.7센티미터이다. 25조는 가로 216.4센티미터, 세로는 104.5센티미터이다. 그 리고 첩이 있는 9조와 13조는 가로와 세로가 3.6센티미터이다.

천태종 역시 조계종·태고종과 더불어 주폭이 좌우폭보다 가로 치수가 크거 나 같다. 이것은 다른 국가와 대조되는 한국 가사의 특징이다.

문양

9조 가사의 문양을 살펴보면 바탕 가운데는 원형과 사각형의 부착물이 있는 데, 원형 안쪽으로는 삼족오(三足烏)와 토끼가 있으며, 직사각형 안에는 청룡 (靑龍)과 황룡(黃龍) 그리고 금강저(金剛杵)가 있다. 첩에는 태고종과 같이 천

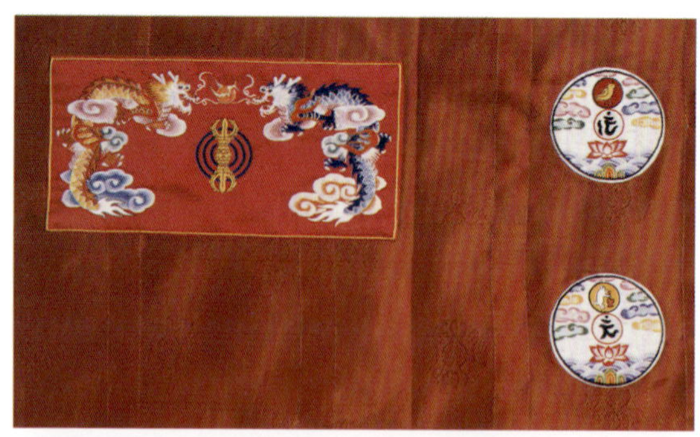

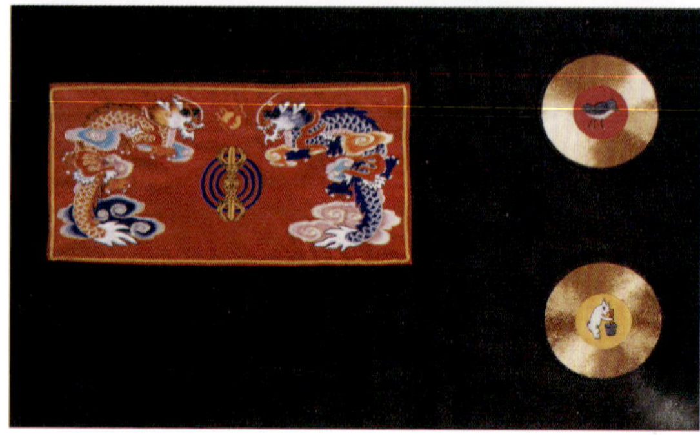

천태종 가사 문양 가사의 문양을 살펴보면 바탕 가운데는 원형과 사각형의 부착물이 있는데, 원형 안쪽으로는 삼족오와 토끼가 있으며, 직사각형 안에는 청룡과 황룡 그리고 금강저가 있다.

(天)과 왕(王)을 수놓는다.

13조 가사는 9조와 마찬가지로 원형과 직사각형의 부착물이 있다. 원형의 안에는 삼족오와 토끼가 있는 것은 9조와 공통적이나 그 밖에 옴과 남, 연꽃을 수놓는다.

21조 가사는 바탕에 불보살(佛菩薩)·존자(尊者)·경(經) 등을 수를 놓아서 대각 국사의 가사를 21조까지만 재현하였으나 여기에다가 흰색 바탕의 사각형을 붙이고, 그 안에는 13조 가사와 같이 위에는 토끼와 옴 자 그리고 연꽃을 수놓았으며 그 밑에는 삼족오와 남 자, 연꽃을 수놓는다. 그리고 연에는 상연에 황룡 네 마리, 입연에 각각 두 마리, 중간 위쪽에는 종기(宗旗)를 수놓는다.

표 9. 천태종 가사의 법계에 따른 가사의 종류

법계	조	색	문양
정법승	9	보라색	삼족오 · 토끼 천 · 왕 금강저
대덕	13	갈색	삼족오 · 토끼 천 · 왕 금강저
종사	21	주홍색	불 · 보살 · 경전 삼족오 · 토끼 금강저
대종사	25	주홍색	불 · 보살 · 경전 형상화 삼족오 · 토끼 용 금강저

25조 가사는 두 종류가 있는데 대각국사 가사의 불보살 · 경 · 존자 등을 수놓은 가사와 이것을 형상화하여 수를 놓은 것이다. 25조는 대가사로서 주홍색 공단 바탕에 직사각형의 장단(長短)에 여러 가지 아름다운 색상(色相)으로 수놓아져 있다.

불보살 · 경 · 존자 등을 수놓은 가사는 가사의 1단(一段), 즉 상단(上段)에는 좌상(坐像) 일문(一紋)에 입상(立像) 일문(一紋)으로 교차(交叉)시켜 좌상과 입상을 배치하였다. 더욱 장엄한 것은 좌상과 입상의 밑부분을 연화문(蓮花紋)으로 받치도록 구성(構成)하였는데, 청 · 적 · 황 · 백 · 흑(靑赤黃白黑)의 배색(配色)으로 변화와 조화를 이룬다.

2단(二段)과 3단(三段)에는 보살(菩薩)의 입상(立像)이 배치되어 있으며, 조화(調和)는 1단과 유사하게 표현되어 있다. 4단에는 경전(經典)을 배치하여 경전명과 함께 수놓고 있다. 경전의 표지에 쓴 포색(布色)도 청 · 적 · 황 · 백 ·

흑·녹(靑赤黃白黑綠) 계통(系統)의 배색으로 차분하게 수놓고 있다. 그리고 경전문(經典紋) 배치도 좌우, 상하, 사선의 방향으로 변화를 주고 있다.

5단, 즉 하단에는 존자상(尊者象)이 있는데 단에는 좌상, 장에는 입상을 교차하면서 자세와 모습을 여러 형태로 하여 각 존자의 특징을 살려 재미있게 묘사하고 있으며, 주폭을 중심으로 입상의 모습을 좌우에서 중앙을 향하게 대칭적으로 구도를 잡아 한국 가사의 특징을 살렸다. 아랫부분과 좌우 주위에는 채운문(彩雲紋), 변폭의 위쪽 첩의 위치에는 삼족오와 토끼가 있다. 연의 입연에는 황룡과 청룡을 수놓고, 연의 상연 가운데는 종기가 있다.

문양의 상징을 살펴보면 우선 천태종의 상징적 문양을 천태종에서는 종기(宗旗)라고 하며, 우선 종기의 형태는 세 개의 청색 원을 포개 놓은 위에 황색 금강저를 상하로 세워 놓았다. 즉 세 개의 원은 우주만법이 공(空)·가(假)·중(中) 삼제(三諦)의 진리를 갖추고 있음을 뜻하며, 이것을 한자리에 포개 놓은 것은 이 삼제의 진리가 서로 원융함을 의미한다.

금강저는 사(邪)된 것을 물리치고 정법을 살리는 붓다의 지혜를 상징하며, 붓다를 모시는 금강신장(金剛神將)이 지니고 다니는 무기이다. 색을 보면, 원을 청색으로 한 것은 우리나라가 동방에 있음을 의미하며 무궁한 번영을 의미한다. 금강저를 황색으로 한 것은 부처님의 지혜가 중도(中道)임을 의미한다. 그리고 '옴' 자는 주문의 처음에 놓는 비밀스러운 말로서 일체의 만법이 이 '옴' 자에 귀속(歸屬)한다는 뜻이 담겨져 있으며 청룡과 황룡은 우주에서 불법(佛法)을 수호하고 대자연의 식물이 살도록 비를 내려주는 상징적인 최고의 동물을 나타낸다.

진각종(眞覺宗)

  밀교(密敎)란 원래 부처님만이 알 수 있는 비밀스런 가르침인 비밀종(秘密宗)이다. 그래서인지 그 전래에 대한 명확한 문헌이 없다고 하는데 일반적으로 선덕 여왕 때의 명랑 법사(明朗法師)를 밀교 전래자(傳來者)의 한 사람으로 보고 있다.

  『삼국유사』에서는 명랑 법사가 632년에 당나라에 갔다가 635년에 돌아왔으며, 그곳에서 4년 동안 정통 밀교를 수행하고 돌아와 금광사(金光寺)란 사찰을 지었음을 밝히고 있다. 밀교가 우리나라에 들어온 때를 명랑 법사로부터 시작한다면 1,350여 년의 역사를 지니고 있는 셈이다. 이렇게 전래된 밀교는 조선시대의 억불정책, 일제 강점기의 압박시대를 거치면서 교단의 맥이 끊기고 민중 속에서만 그 신앙의식이 연명되어 왔다.

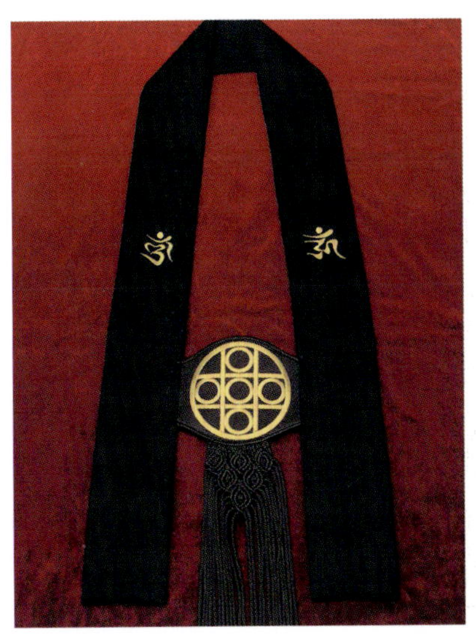

진각종의 가사(낙자) 밀교 종단인 진각종은 오랫동안 민중 속에서 신앙 의식이 연명된 밀교를 처음으로 중흥시킨 종단이다. 진각종의 가사는 조가 없는 낙자로 되어 있다. 낙자는 직사각형의 긴 천인 금강선과 매듭으로 만든 금강륜으로 구성되어 있다. 다른 종단 같이 조로 가사를 구별할 수가 없지만 법계의 표시를 색과 문양으로 하고 있으며 가사와 같이 입는 법의의 색깔도 달리하고 있다. 사진은 정사의 낙자로 옴 자와 훔 자를 금강륜과 나란히 수놓았다.

한국 밀교 최대 종단인 진각종은 1947년 6월 14일 창종되었다. 진각종은 삼국시대에 성했던 신인종(神印宗)이나 총지종(總持宗)의 소멸 이후에 처음으로 밀교를 중흥시킨 종단이다. 그래서 교리 및 의식이 밀교법으로 이루어진 것이 특징이다.

진각종의 종지는 시방삼세에 하나로 계시는 법신 비로자나부처님을 교주로 하고 붓다와 종조의 정전(正傳) 심인(心印)인 육자대명왕진언(옴마니반메훔)을 신행의 본존으로 받들어 법신불의 진리를 체득하고 현세를 정화함에 있다. 진각종의 소의경전은 『대일경』, 『금강정경』, 『대승장엄보왕경』, 『보리심론』, 『종조법전』이다.

가사의 종류와 입는 법

진각종의 가사는 조가 없는 낙자로 되어 있다. 낙자는 직사각형의 긴 천인 금강선과 매듭을 달고 있는 금강류으로 구성되어 있다. 가사의 종류는 조가 없기 때문에 타종단 같이 조로서 구별할 수가 없지만 법계의 표시를 색과 문양으로 하고 있으며 가사와 함께 입는 법의의 색깔도 달리하고 있다.

금강선(金剛線)의 뜻은 스승이 제자에게 법을 전해 준다는 의미와 쇠 가운데 가장 강한 금강같이 굳은 신심으로 붓다와 중생이 계(戒)로 묶여 하나로 된다는 뜻이다.

그리고 진각종은 다른 종단과 달리 신도용 가사가 있는데 보살십선계를 받은 사람에 한하여 행자복 위에 착용할 수 있다. 금강선을 수여 받아 소중히 보관하고 새해 서원 불공 회향일, 부처님 오신 날, 종조 탄생절, 종조 열반절에 특히 입고서 불공하고, 그 밖에 특별히 원이 있거나 입고 싶을 때 입고 불사를 하며, 열반 때는 같이 가지고 간다.

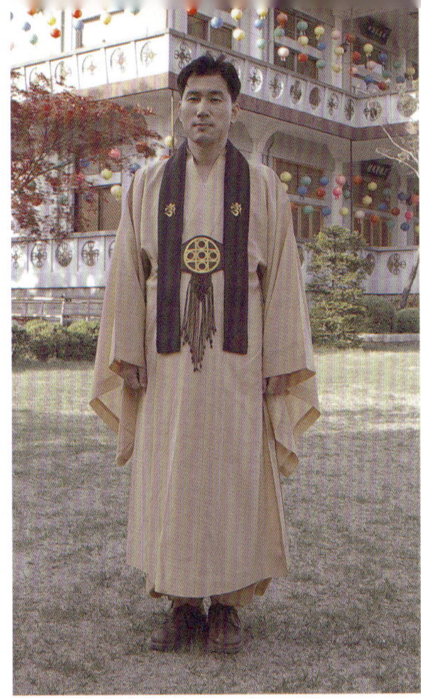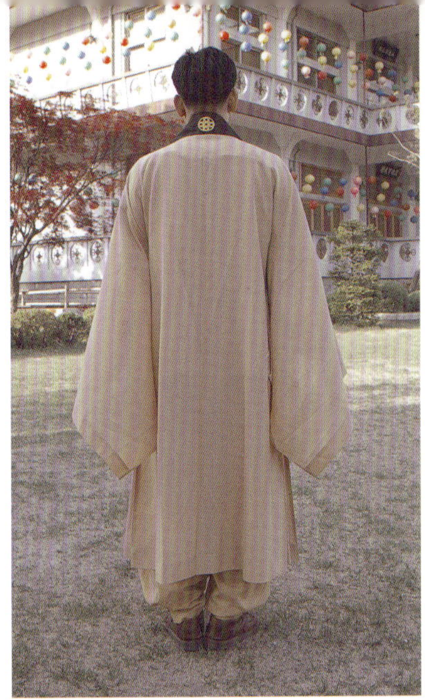

대정사의 법의와 가사(낙자) 대정사는 노란색 법의와 진밤색 가사를 입는다.

소재와 색

대정사 이하 가사의 소재는 울 80퍼센트, 폴리에스테르 20퍼센트로 된 혼방이고 종사 이상은 문직되어 있는 견을 사용한다. 색을 보면 법계에 따라 다르다. 시무(試務)는 교화시무(정식 스승인 정사 이전의 법계)로서 가사(낙자)의 색은 진밤색이다. 정사(正師)와 대정사는 노란색 법의와 진밤색 가사, 종사와 대종사는 노란색 법의와 황금색 가사를 입는다. 진각종의 최고 법통자인 총인이 수하는 법의는 황금색이며 가사도 황금색을 입는다. 특별한 경우인 수계관정 때에 법력이 수승하고 청정한 계율을 지닌 계사(戒師)는 백색 법의를 입는데, 그 중 삼사(三師)는 황금색 가사를 수하며 칠증사(七證師)는 적색 가사를 한다. 신도용 가사는 흰색이다.

색의 상징을 살펴보면 진밤색은 5불(五佛)과 5지(五智)를 나타내는 5색(五

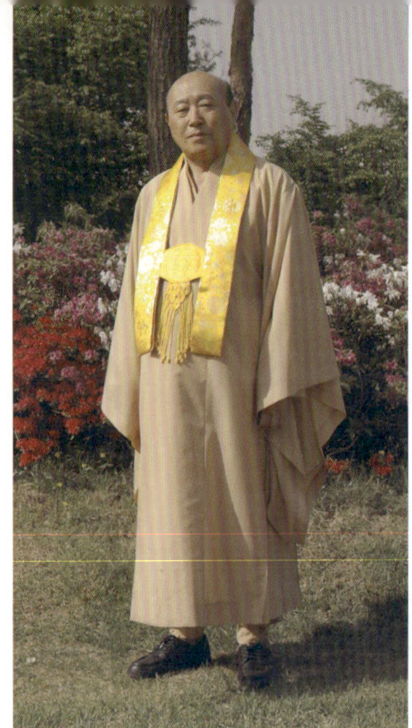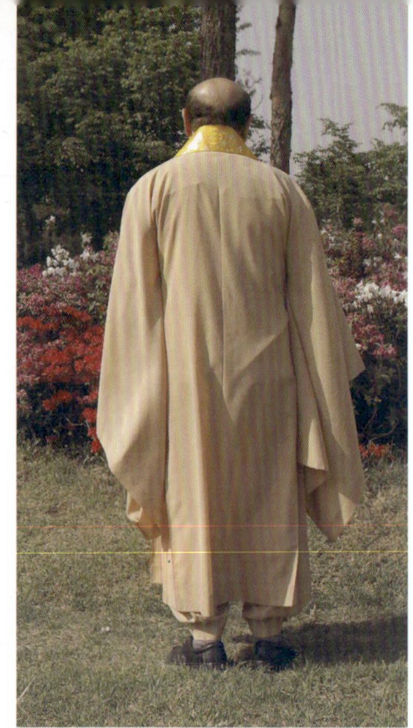

대종사의 법의와 가사(낙자) 대종사는 노란색 법의와 황금색 가사를 입는다. 황금색은 비로자나불의 본원을 성취하고 진리를 구현하기 위하여 부단히 정진하는 보살을 상징하는 자비의 본색이다.

표 10. 진각종 법계에 따른 가사의 종류

명칭		행계(법계)	법의 색	금강선 색	문양	
					옴	훔
교화시무(남 · 녀)		·	노란색	진밤색	있음	있음
정사 · 전수		5급~7급	노란색	진밤색	있음	있음
대정사 · 대전수		3급~4급	노란색	진밤색	있음	없음
종사(남 · 녀)		2급	노란색	황금색	있음	있음
대종사(남 · 녀)		1급	노란색	황금색	있음	없음
총인		·	황금색	황금색	있음	없음
계사	삼사	·	흰색	황금색	있음	없음
	칠증사	·	흰색	적색	있음	없음

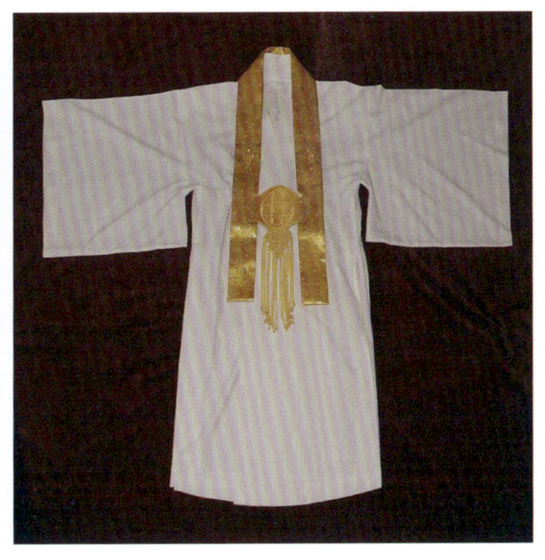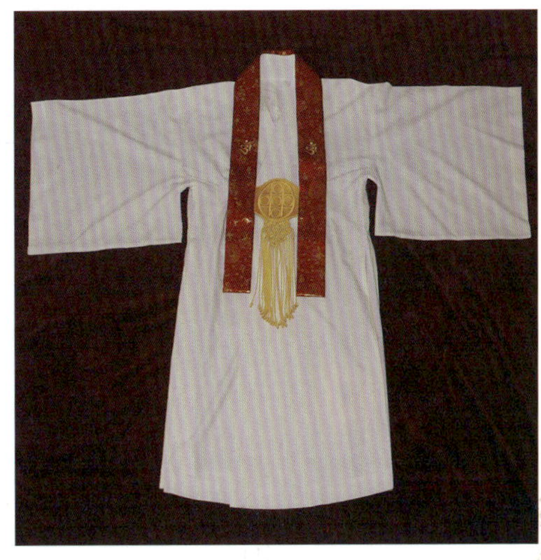

계사의 법의와 가사(낙자)　계사 중 삼사는 흰색 법의와 황금색 낙자를 입는다(왼쪽). 그리고 계사 중
칠중사는 흰색 법의와 적색 낙자를 입는다(오른쪽).

色, 靑黃赤白黑)의 합성으로 진각종에서는 수행자의 여법(如法)한 법 실천의 궁
지를 표시하는 의미를 담고 있다.

　불법을 호지하고 신명으로써 현정파사(顯正破邪)하여 세간을 정화하고 일
체중생을 번뇌에서 제도하여 수시로 일어나는 사마외도를 제거하여 불성의 지
혜를 밝혀서 해탈로 인도하는 교직자의 사명을 뜻한다. 그리고 흰색은 청정법신
비로자나불을 상징하며 황금색은 비로자나불의 본원을 성취하고 진리를 구현
하기 위하여 부단히 정진하는 보살을 상징하는 자비의 본색이다. 위로는 붓다의
지혜를 구하고 아래로는 자비로써 일체 중생을 중생의 상황과 능력에 따라 해탈
로 인도하는 승단의 지도자를 상징하는 것이다.

　진각종에서는 선종의 조계종이나 태고종에 비해서 다양한 색으로 법계를 나
타내며, 또한 그에 따른 상징적인 의미가 있는 것을 알 수 있다. 이것은 밀교인

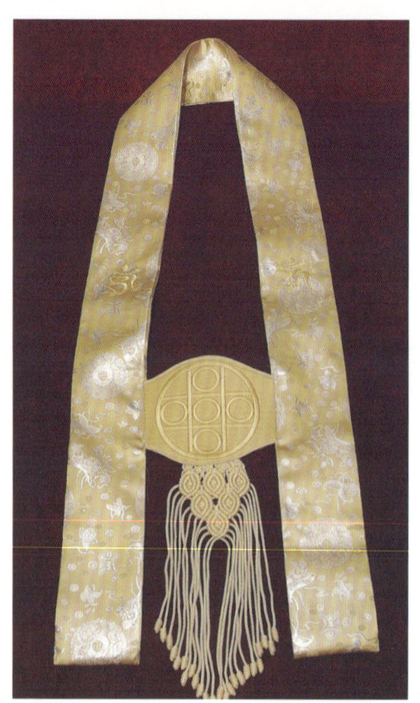

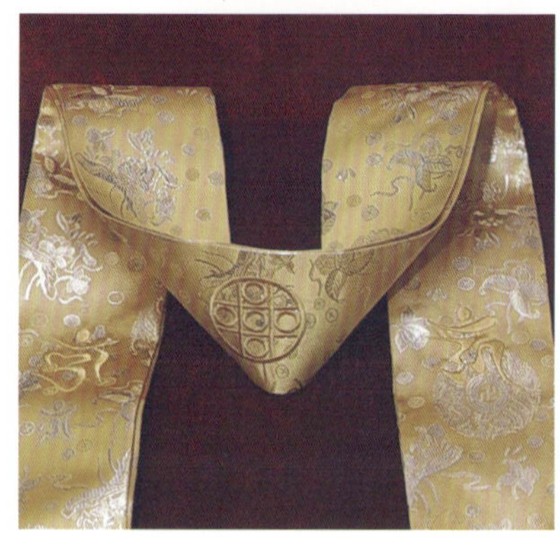

종사의 낙자 황금색으로 된 금강선에 옴 자와 옴 자를 수놓았다(위).

총인의 낙자 황금색으로 된 금강선에 원 안에 옴 자와 옴 자를 수놓은 낙자이다(아래).

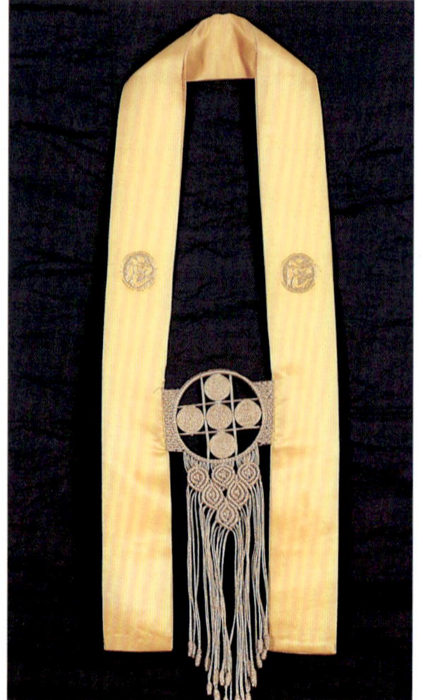

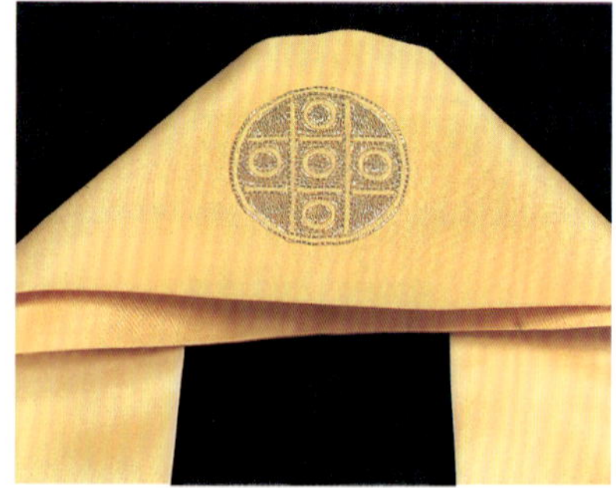

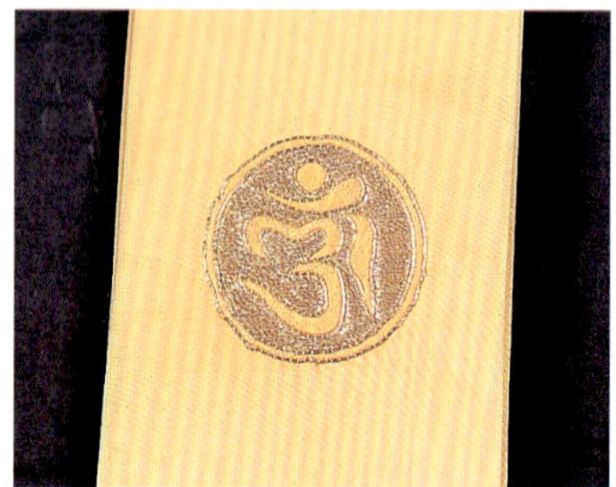

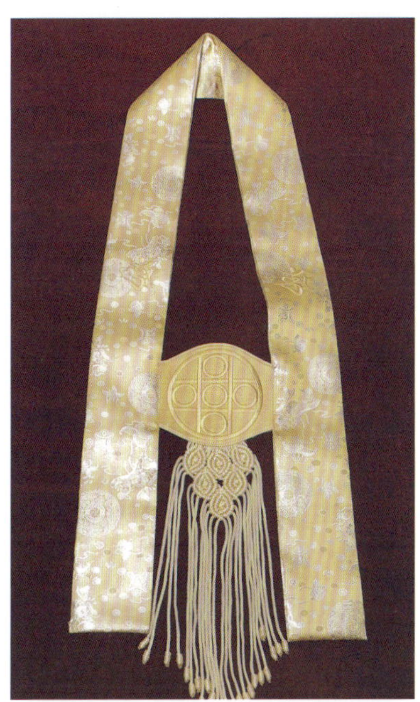

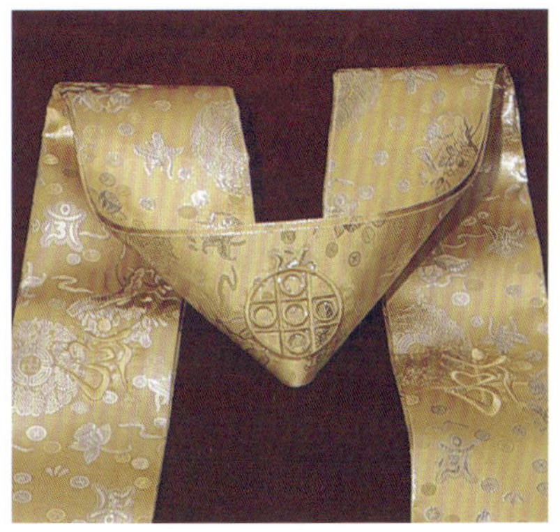

계사의 낙자　황금색으로 된 금강선에 옴 자와 옴 자를 수놓은 삼사의 낙자이다(위).

계사의 낙자　무늬가 있는 적색으로 된 금강선에 옴 자와 옴 자를 수놓은 칠증사의 낙자이다(아래).

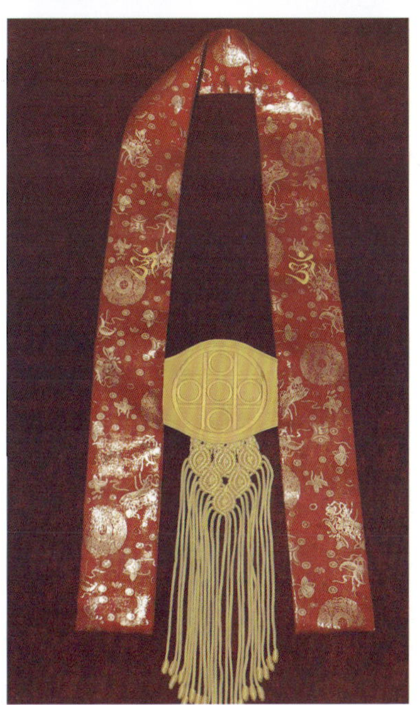

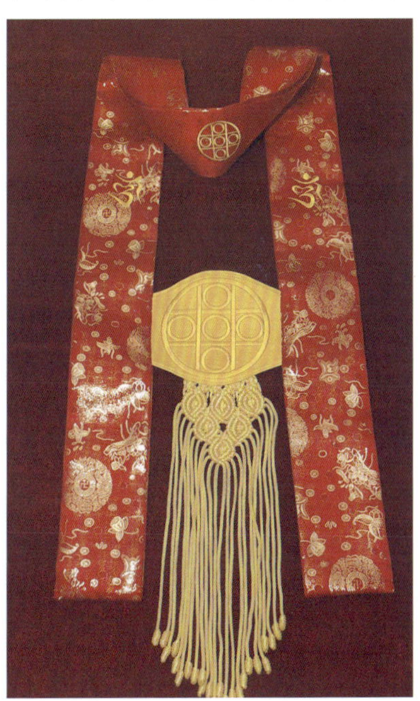

일본의 진언종과 티베트의 가사에서도 나타나고 있다.

구조와 봉제

가사의 구조는 하나의 천으로 이루어져 있어서 조와 장단은 없으나, 앞과 뒤 그리고 앞과 뒤의 사이에 또 다른 면이 있다.

구조의 상징성은 이 책의 앞쪽 '가사에 나타난 불교 사상'에서 언급했듯이 조가 있는 가사에서는 단과 장으로써 범부(중생)와 성인(부처)을 나타내는데 비해, 진각종의 가사는 앞면과 뒷면은 같은 색을 사용하면서 앞면은 중생, 뒷면 은 붓다를 나타내고 가운데는 흰색으로 순수하고 청정무구한 심인(心印)을 상 징한다. 봉제는 재봉틀을 이용하였고 특별한 특징은 없으며 전통 가사에 있는 통문은 없다.

치수

치수는 모든 가사가 거의 일정한 크기로 되어 있으며 가로는 8센티미터, 세 로는 150센티미터이다. 이것은 가사가 목에 걸기만 하면 되는 낙자로 되어 있 어 신체 치수가 필요하지 않기 때문이다.

그리고 금강선의 좌우 끝과 문양(옴과 훔)과의 거리는 40.4센티미터에서 42.5센티미터 정도가 된다. 금강륜은 직경이 약 11센티미터이다.

문양

우선 진각종 가사의 문양의 공통점은 모두 황금색이라는 점이다. 문양의 위 치는 금강선의 중간 부분에 작은 금강륜이 수놓아져 있고 금강선과 금강선의 중간에 매듭을 단 큰 금강륜이 있고, 법계에 따라 진각종의 본존인 육자진언의 옴 자와 훔 자를 금강선 좌우에 수놓고 있다. 법계에 따른 문양의 종류는 교화시무와 정사는 옴 자와 훔 자가 모두 있고 대정사는 옴 자로만 되어 있다. 종사는 옴과 훔 자가 있고 대종사는 옴 자만 있다. 총인과 삼사와 칠중사는 모두 옴 자만을 수놓는다. 신도용 가사는 각각 오른쪽과 왼쪽에 황금색 실로 옴 자와 훔 자를 수놓지만 목 부분에 법륜과 금강륜은 없다.

문양이 나타내는 상징성은 다음과 같다. 가사의 중앙에 있는 작은 금강륜은 여법한 법 실천의 긍지(矜持)를 표시하고 있으며, 불법을 호지(護持)하고 세간을 정화하여 일체중생을 번뇌에서 제도하여 불성의 지혜를 밝혀서 해탈로 인도하는 교직자의 사명을 상징하고 있다. 또한 매듭을 달고 있는 큰 금강륜은 전륜성왕(轉輪聖王)의 금으로 된 바퀴가 만안 지대의 암석(岩石)을 부수는 것처럼, 중생의 악(惡)을 잘 부순다는 뜻에서 붓다의 교법을 나타낸다.

금강륜(金剛輪)은 진각종의 교리와 신행의 상징으로 금강계만다라를 나타낸다. 금강륜은 바깥의 원과 안쪽에 다섯 개의 원으로 이루어져 있다. 안쪽의 다섯 개 원 중 가운데 원이 옴을 나타내고 보는 쪽에서 시계 반대 방향으로 돌면서 마니반메를 의미하며, 바깥의 원이 훔이 된다. 옴은 중앙에 위치하는 비로자나불, 마는 동쪽에 위치하는 아촉불(阿閦佛)을 상징하는데 전체적인 부처인 대일여래의 무한한 활동 가운데 말을 듣지 않는 나쁜 무리들을 자비의 입장에서 힐책하여 납득시키는 조복의 붓다를 상징한다. 니는 남쪽에 위치하는 보생불로 재보, 행복을 나타낸다. 반은 서쪽에 있는 아미타불로 지혜, 자비의 상징이다. 메는 불공성취불로 작용, 이익의 상징이며 북쪽을 상징한다. 훔은 금강보살을 상징한다. 즉 금강륜은 득오의 경지를 표현한 하나의 세계를 눈앞에 제시한다는 만다라의 축약으로 진리의 세계를 보여 주고 있다.

가사 불사(袈裟佛事)

　현재의 한국 불교는 가장 큰 종파인 조계종(曹溪宗)을 비롯해 태고종(太古宗)과 천태종(天台宗), 진각종(眞覺宗)의 4대 종단 등 18개 종파로 분립했으며 종파에 따른 특징 있는 가사를 입고 있다.

　그리고 한국 가사의 특징 가운데 하나는 가사 불사 후 회향하는 의식인 가사 점안 의식(袈裟點眼儀式)이다. 가사 불사는 붓다 당시부터 현재까지도 근본 불교 국가에서 가사 공양 의식으로 행해지고 있다. 그런데 가사 점안 의식은 현재 근본불교 국가는 물론 북방불교 국가 가운데에서도 우리나라가 중요하게 하고 있다. 그만큼 가사를 신성시하여 불상 등에서 볼 수 있는 점안 의식으로 가사에 생명을 불어 넣어 하나의 천에 불과한 가사를 불법을 나타내는 상징물로 인정하는 것이다.

　가사는 가사 불사와 승복집을 통해서 구입하고 있으나 전통적인 방법은 가사 불사를 하여 가사를 만들고 가사 점안 의식을 마쳐야 비로소 불법을 전하는 방편으로서 가사가 되는 것이다.

　우선 가사 불사를 하는데 있어서는 가사를 몇 벌 조성하는가에 따라 그 품계

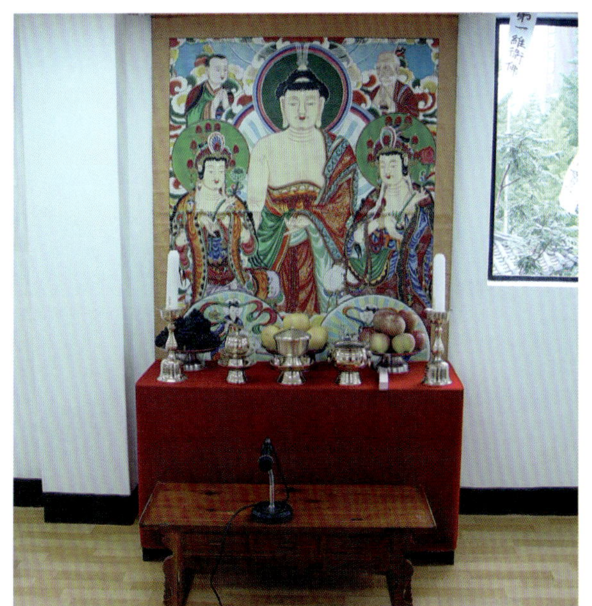

제석단(위)과 가사 불사를 위해 모인 신도들(아래)　가사 불사를 행하여 가사를 만들고 가사 점안 의식을 마쳐야 비로소 불법을 전하는 방편으로서 가사가 되는 전통적인 가사 취득 방법이다. 가사의 조성은 가사의 총책임자로서 편수와, 나머지 양공 및 침공 등에 의해 행해지게 된다. 그 순서로는 먼저 만들 가사의 조에 따라 천을 자르는 작업을 행하며 이어 바느질 작업이 행해진다. 항상 가사 짓는 곳에는 붓다와 불법과 스님 즉 삼보를 청하여 증명을 삼는다. 또 제석보살을 모신 제석단 앞에 향과 꽃, 번개(幡蓋) 그리고 음식 등으로 예의를 갖춘다.

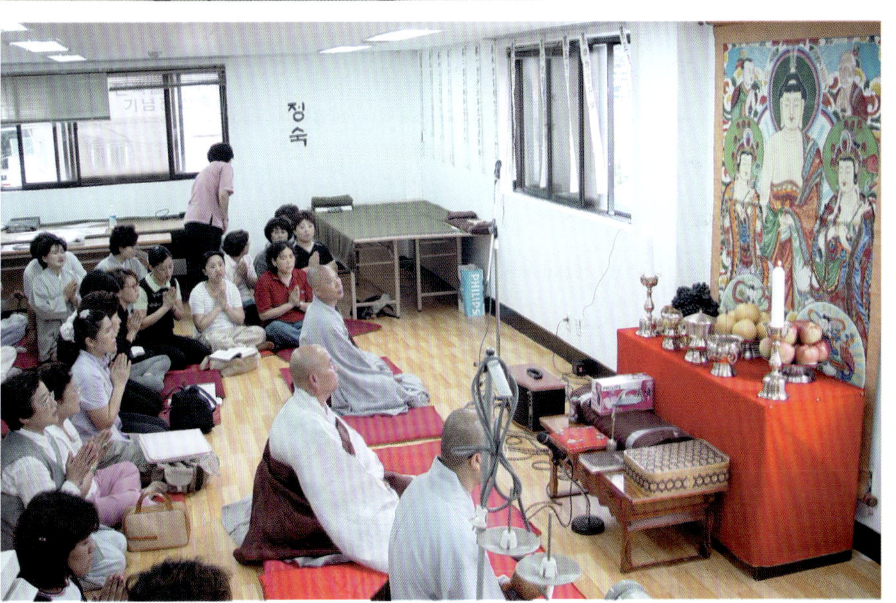

를 나누는데, 하구품(下九品) 및 중구품(中九品), 대구품(大九品)의 가사 불사를 들 수 있다. 여기서 하구품의 경우는 45벌 이상의 가사를 조성함을 의미하며, 중구품의 가사 불사는 63벌 이상의 가사를 조성함을, 그리고 대구품의 가사 불사는 81벌 이상의 가사를 조성함을 의미한다.

가사 불사는 먼저 시주를 구하는 데서부터 출발하게 된다. 이때 시주와 바느질하는 사람, 그리고 시주 받는 사람이 깨끗하여 더러움이 없어야 한다. 가사불사 하는 시기는 주로 윤달에 하고 있다.

한편 가사의 조성은 가사의 총책임자로서 편수(片手, 가사불사소의 책임자 스님)와, 나머지 양공(良工, 가사를 마름질하거나 바느질을 하는 스님) 및 침공(針工, 바느질을 하는 소임) 등에 의해 행해지게 된다. 그 순서로는 먼저 만들 가사의 조(條)에 따라 천을 자르는 작업을 하며 이어 바느질 작업을 하게 된다.

『불설가사공덕경(佛說袈裟功德經)』에 보면 가사는 여래의 웃옷으로 바느질하는 사람과 입는 자가 다같이 눈을 멀 수가 있으니 주의하지 않으면 안 된다고 되어 있다. 이것은 붓다께서 법을 설하기 위해 입는 옷이므로 여기에 상응하는 모양으로 조심하여 바느질하도록 하기 위해 한 땀 한 땀 뜰 때마다 관세음보살을 부르고 정진하여 성의 있게 봉제하게 되어 있다.

바느질은 오전 9시 반부터 시작하여 오후 5시 반에 끝내고 그리고 항상 가사 짓는 곳에는 붓다와 불법과 스님 즉 삼보를 청하여 증명을 삼는다. 수미산 정상 도리천의 주인이신 제석보살과 동·서·남·북의 하늘에 계신 왕이 보호하게 하고 또 동·서·남·북·중앙의 신장(神將)으로써 밖으로 보호하게 한다. 제석단 앞에 향·꽃·번개(幡蓋)·음식 등으로 예의를 갖춘다.

또한 품수(品數)에 따라 식사하는 용기나 인원수와 완성일에 대하여도 규정을 두고 있는데 하품의를 조성하는 양공은 금기로써 식사를 주고 5인으로 5일

작침하고 중품의를 조성하는 양공은 은기로써 식사를 주도록 하며 7인이 7일 작침하라. 그리고 상품의를 조성하는 양공은 은기로써 식사를 주도록 하되 9인이 9일 작침하라고 정하였다.

가사 불사 때는 불·법·승 삼보를 청하여 증명을 삼기 위하여 증명하여 줄 스승으로서 언제나 청정한 수행을 닦아 중생을 이끌어 가신 인도의 지공 화상(指空和尙)과 한국의 나옹 화상(懶翁和尙)과 무학 화상(無學和尙)을 적은 증명단(證明壇)을 걸어두고 가사를 만든다.

이렇게 행해지는 가사 불사는 가사 점안 의식(袈裟點眼儀式) 및 가사 이운(袈裟移運)과 피봉식(皮封式) 등의 절차를 통해 회향된다.

가사 점안 의식

완성된 가사는 창호지로 봉투를 만들어 가사를 담게 되는데 이 봉투를 피봉(皮封)이라 하고 피봉에 쓰는 서식(書式)을 피봉식이라고 한다. 가사 피봉식의 경우 상품의 승가리 1벌을 제석보살 전에 바친다는 내용의 게송과 함께

증명비구(證明比丘) ○○, 송주비구(誦呪比丘)○○, 화주비구(化主比丘)○○, 대시주(大施主)○○○ 보체(保體) 경조승가리(敬造 僧伽梨) 사장일단이십오조상품상일령(四長一短二十五條上品上一領) 봉헌우시방삼보(奉獻于十方三寶) 자존전(자존전) 증명비구(證明比丘)○○ 송주비구(誦呪比丘)○○ 퇴수비구(退受比丘)○○○근봉(謹封)

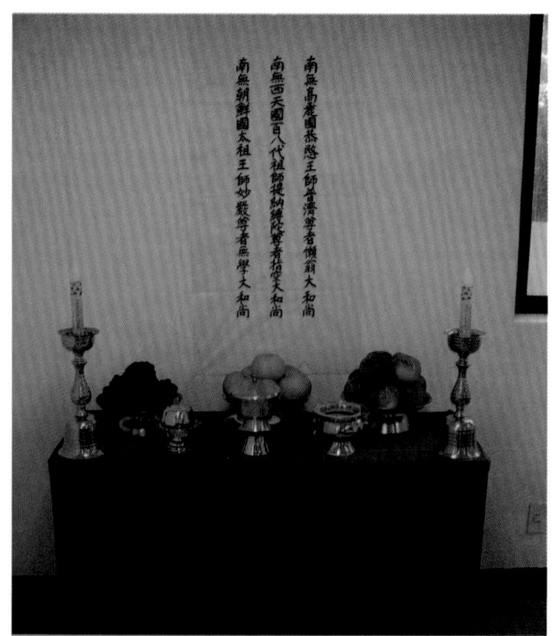

신중단   봉투에 두 장의 한지를 넣은 후 그 사이에 가사를 넣고 피봉함으로써 가사불사는 마무리된다. 이렇게 피봉식이 완료되면 가사를 봉투에 넣어 제석보살이 계신 신중단에 진설하고 점안식을 하게 된다.

이라 적혀진 봉투에 두 장의 한지를 넣은 후 그 사이에 가사를 넣고 피봉함으로써 마무리된다. 이렇게 피봉식이 완료되면 가사를 봉투에 넣어 제석보살이 계신 신중단에 진설하고 점안식을 하게 된다.

가사 점안 의식 때 송광사에서는 불단에 꽃, 과일, 그리고 가사를 올려 놓고 식을 한다. 그런데 다른 의식 때와는 달리 떡을 올리지 않는데 그 이유는 가사에 떡가루가 날려 가사가 더럽혀지는 것을 막기 위해서이다.

가사점안 의식의 순서는 다음과 같다.

증명단(證明壇)을 설치한 후 증명단에서 삼화상청(세 분 스님을 모시는 글)

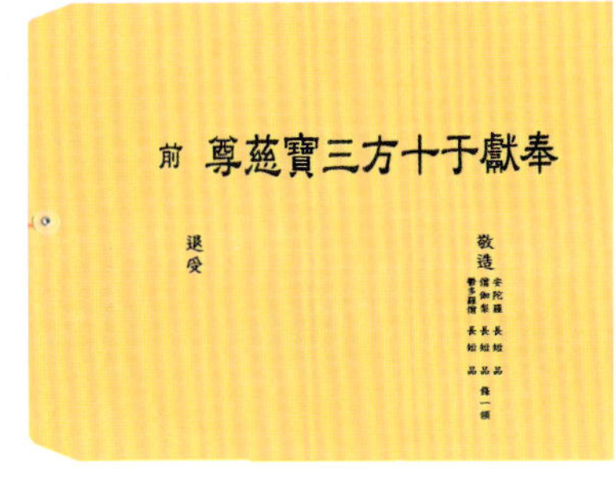 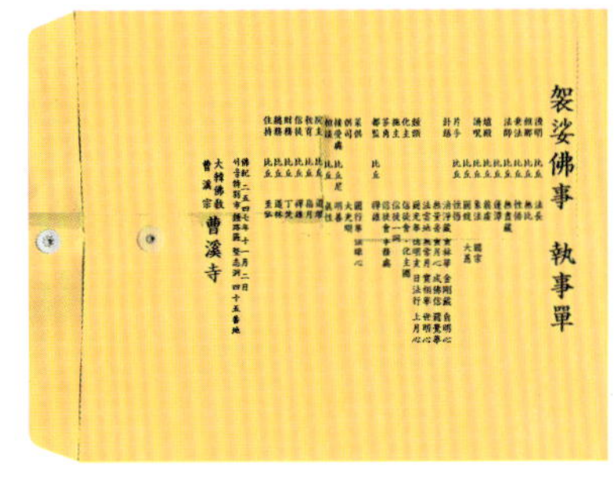

가사 피봉 봉투 완성된 가사는 봉투에 담게 되는데 이 봉투를 피봉이라 하고 피봉에 쓰는 서식을 피봉식이라고 한다. 봉투에 두 장의 한지를 넣은 후 그 사이에 가사를 넣고 피봉함으로써 마무리된다.

거목(擧目)

서천국에서 일백팔대 째 내려오신 제라박타 존자 지공 큰스님께 귀의합니다.

고려국 공민왕의 왕사이신 보제존자 나옹 큰스님께 귀의합니다.

조선국 태조왕의 왕사이신 묘엄존자 무학 큰스님께 귀의합니다.

보소청진언(삼화상 이외에 이 의식의 증명을 서 주실 모든 스승을 두루 청하는 진언) 나무 보보제리 가리다리 다타 아다야(세 번)

유치(由致)

우러러 생각컨대, 증명(證明)이 되어 주실 세 분의 큰 법사는 세 가지 지혜를 다 갖추시고 자리(自利)와 이타(利他)를 원만히 성취하시어 대대로 마음의 법인(心印)을 전해 주는 종문(宗門)에서 비밀스럽게 전해지는 종지(宗旨)를 이미 터득하셨습니다. 그리하여 사방 모든 부처님의 불사를 행하는 일에서 항상 증명을 하시는 지위에 오르샤, 구하는 자가 있으면 언제나 달려가고 어떠한 소원이든 따라주지 않는 적이 없으십니다.

그러므로 대한민국 어느 산, 어느 절의 청정한 도량에서 오늘 몇 월, 며칠 경건하게 깨끗한 음식을 차려 놓고 공양하오니 증명사가 되어 공덕을 베풀어 주실 세 분 존자께서는 세 겹 관문의 연화대를 잠시 떠나서 한 모퉁이 이 절에 내려오시어 작은 정성이나마 불사를 성취할 수 있도록 굽어 살펴 주시옵소서. 일심으로 존경을 표하면서 우선 세 분을 청하는 글을 진술합니다.

지혜로 깨달으면 상이 없어서(無常) 하나의 진여(眞如)에 만류를 빠짐없이 포함하시고, 자비심을 내면 정이 있어서(有情) 구품 번뇌에 싸인 삼계에서 모두 해탈하시어 걸림 없이 자유롭게 오가며 공화(空華) 같은 도량에 감응해 주시는 제라박타 존자, 지공 큰스님, 나옹 큰스님, 묘엄 존자, 무학 큰스님께 일심으로 귀의하고 받들어 청하옵나니, 원컨대 자비를 베풀어 도량에 내려오사 이 공양을 받아주소서.

향화청

(향과 꽃을 올리면서 증명법사를 청함 노랫가락처럼 읊음. 세 번 한다.)
지공 화상은 인도에서 이름나신 분이며
나옹과 무학은 이 나라에서 명성을 떨치신 분인데
세 분 조사께서 증명을 서 주시어
불사를 성취하여 중생을 제도키 원하옵기에
저는 일심으로 목숨 바쳐 귀의하고 머리 숙여 절하옵니다.

헌화진언

(꽃을 바치면서 다라니를 외는 의식)
제가 이제 보배로 장엄한 자리를 공경스럽게 설치하여 세 분 큰스님께 바치옵니다. 원컨대 저를 괴롭히는 티끌 같은 번뇌와 망상심을 없애고 해탈의 보리

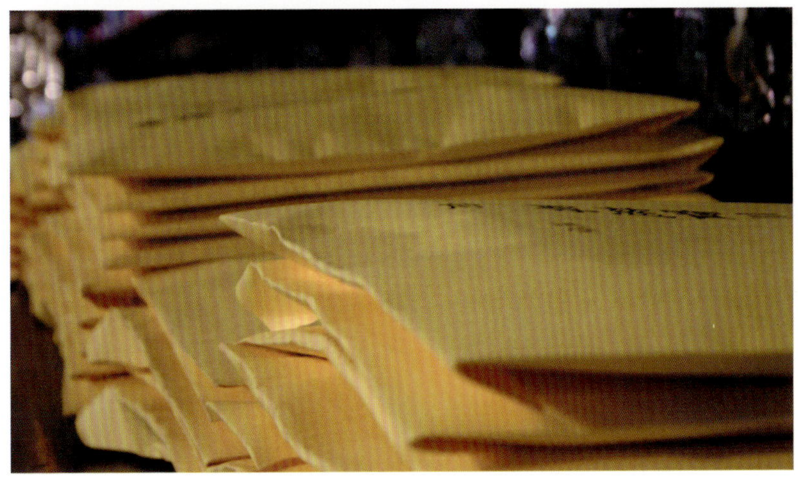

가사 피봉식 완성된 가사를 한지로 만든 봉투에 담게 되는데 이 봉투를 피봉이라 한다. 그리고 피봉
에 쓰는 서식을 피봉식이라 한다.

과(菩提果)를 속히 얻기를 바라옵니다.

옴 가마라 승하 사바하(세 번)

가사 피봉식

승가리 상품상 한 벌을 제석보살 앞에 바치옵니다.

증명비구 아무개, 송주비구(법회 의식에서 의례문이나 주문을 소리내어 선
창하는 역할) 아무개, 양공비구(가사 제작의 책임을 맡은 스님) 아무개, 화주비
구(돈을 모으고 관리함) 아무개, 시주(돈을 낸 사람) 아무개는 정성을 다해 봉
(封)합니다.

가사 점안 피봉식

(가사를 상단에 봉안한다.)

큰 시주 이름 아무개 보체(保體)는 4장 1단(四長一短)으로 된 25조 가사 상품

상 한 벌을 정성껏 만들어서 삼보이신 자비로운 세존 앞에 바치옵니다.

증명비구 아무개, 화주비구 아무개, 퇴수비구(가사를 물려받을 비구) 아무개는 정성을 다해 봉합니다.

점안

(불상 점안 법식에 준하여 거행한다.)

가사 통문불

가사당세계(袈裟幢世界)의 삼품회상(三品會上)에서 여러 부처님께 귀의하여 불사(佛事)의 성취를 기원하는 것이다. 가사당세계(袈裟幢世界)에 귀의합니다. 상품회상(上品會上) 제일 금강당불(第一金剛幢佛), 제이 아미타불(第二阿彌陀佛) 제삼 석가모니불(第三釋迦牟尼佛), 제사 미륵존불(第四彌勒尊佛), 제오 아축불(第五阿閦佛), 제육 묘색신불(第六妙色身佛), 제칠 묘음성불(第七妙音聲佛), 제팔 향적광불(第八香積光佛), 제구 대통지승여래불(第九大通智勝如來佛) 가사당세계에 귀의합니다. 중품회상(中品會上) 제일 유위불(第一維衛佛), 제이 시기불(第二尸棄佛), 제삼 패엽불(第三貝葉佛), 제사 구유손불(第四拘留孫佛), 제오 구나함모니불(第五拘那含牟尼佛), 제육 가섭불(第六迦葉佛), 제칠 교주석가모니불(第七教主釋迦牟尼佛) 가사세계에 귀의합니다. 하품회상(下品會上) 제일청정법신비로자나불(第一淸淨法身毘盧遮那佛), 제이 원만보신노사나불(第二圓滿報身盧舍那佛), 제삼 삼천백억화신석가모니불(第三千百億化身釋迦牟尼佛), 제사 구품도사아미타불(第四九品導師阿彌陀佛), 제오 당래하생미륵존불(五當來下生彌勒尊佛) 진심으로 삼보께 원하옵니다. 큰 자비로 증명법사가 되어 불사를 성취케 하소서.

유치(由致)

우러러 생각해 보니, 가사는 여래의 으뜸가는 옷이며 보살의 위대한 옷으로서 그것을 입는 자는 복전이 될 수 있고 그것을 만드는 자는 과보를 쉽게 성취합니다. (이 옷을 입은 자는) 대범천과 제석이 남북으로 앉아서 막아 보호하고 사방의 천왕이 사방에 서서 따라다니며 호위합니다. 용왕이 이 옷을 몸에 걸치면 짐승에게 독으로 해치려는 마음이 없어지고, 사냥꾼이 옷으로 몸을 덮으면 짐승에게 공경하는 마음이 생깁니다. 이 옷을 만들겠다고 원을 세운 자는 천 가지 재앙이 눈처럼 녹아지고, 이 옷을 만든 자는 백 가지 복이 구름처럼 일어납니다.

오늘 이 날 사바세계 남섬부주의 동쪽바다에 있는 대한민국 어느 도, 어느 군, 어느 면, 어느 동에 사는 아무개는 엎드려 바라옵니다. 몇 월 며칠에 경건한 마음으로 성심껏 노력하여 티끌 같은 재물을 아끼지 않고 몇 장, 몇 단, 몇 조 되는 몇 품짜리 승가리 몇 벌을 공경스레 지어서 공양미를 올리고 좋은 향을 차려 놓고 시방의 한량없는 삼보께 바치오니, 자비를 버리지 마시고 모두 이 향연에 강림하시기를, 삼가 일심을 모으고 세 번 청하는 글을 올립니다.

연화장 세계의 청정한 법신이신 비로자나불께 귀의하며 일심으로 받들어 청하오니, 원컨대 자비를 베푸사 이 도량에 강림하시어(가사를 지어 점안하는) 공덕을 증명하소서.

향화청

위엄 있는 광명이 두루 비추어 천지에 가득하고
진여의 세계는 조작 없는 해탈의 문이라네.
구름은 어둡고 해는 밝은데 몸 안에는 그림자 지고
산도 푸르고 물도 푸른데 거울 속에는 티가 있으니

내 일심으로 목숨 바쳐 귀의하고 머리 숙여 절을 합니다.

천화대 연장계의 원만보신이신 노사나불께 귀의하며 일심으로 받들어 청하오니, 원컨대 자비를 베푸사 이 도량에 강림하시어(가사를 지어 점안하는) 공덕을 증명하소서.

향화청

인(因)도 과(果)도 원만(圓滿)하여 여여(如如)를 깨달으니
국토와 중생이 아름다워 모습이 특별하네.
마지막 하늘에서 보배 자리에 오르고
보리수 아래서 금으로 된 몸을 나타내셨기에
내 일심으로 목숨 바쳐 귀의하고 머리 숙여 절을 합니다.
천화상 백억계 천백억 화신이신 석가모니불께 귀의하며 일심으로 받들어 청하오니, 원컨대 자비를 베푸사 이 도량에 강림하시어(가사를 지어 점안하는) 공덕을 증명하소서.

향화청

도솔천과 야마천에서 부처님을 맞이하고
수미천과 타화자재천에서 여래를 뵈었네.
같은 때, 같은 법회에서 이와 같은 일 있어
달이 천 강(江)에 도장 찍히는 일 의심치 말지니
내 일심으로 목숨 바쳐 귀의하고 머리 숙여 절을 합니다.
가사당세계 금강견고불 등 모든 부처님께 귀의하며 일심으로 받들어 청하오니, 원컨대 자비를 베푸사 이 도량에 강림하시어(가사를 지어 점안하는) 공덕을

증명하소서.

육근(六根)을 서로 돌려쓰심(相互)에 아무런 장애가 없고

네 가지 지혜 원만하고 밝아서 모두를 융화시키네.

법왕이신 무상사께

머리 숙여 원하옵나니

열 가지 힘을 내려 미몽에 싸인 무리를 받아주소서.

동방유리세계의 약사유리광불 등 모든 부처님께 귀의하며 일심으로 받들어 청하오니, 원컨대 자비를 베푸사 이 도량에 강림하시어(가사를 지어 점안하는) 공덕을 증명하소서.

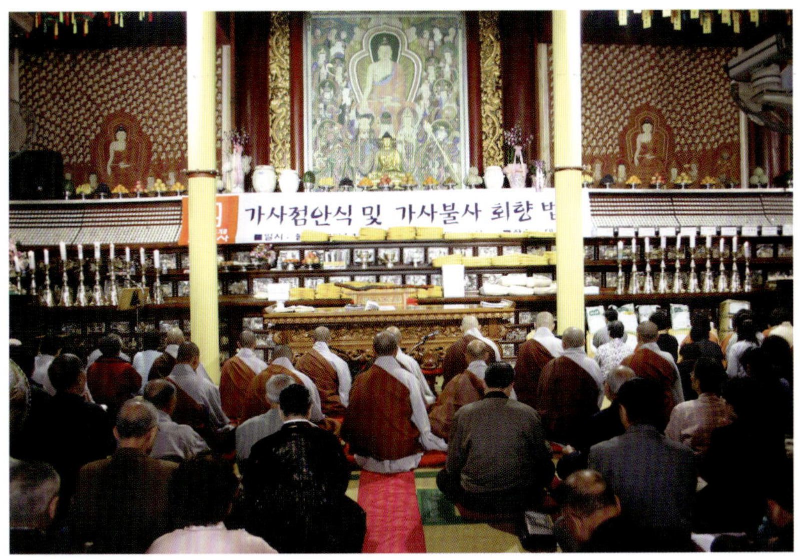

조계사 가사 점안 의식　가사 점안 의식을 하는 이유는 불법의 상징인 가사를 입은 스님을 붓다와 중생을 연결시키는 매개로 이해시켜 중생을 제도하려는 데 그 목적이 있다.

동방세계의 이름은 만월이요

그곳 부처님의 명호는 유리광교절(유리 같이 희고 투명한 빛)이라네

머리 위에 소라 모양의 돌기는 산처럼 푸르고

눈썹 사이에 터럭 모양은 눈처럼 희어라.

서방극락세계의 사십 팔월 아미타불 등 모든 부처님께 귀의하며 일심으로 받들어 청하오니, 원컨대 자비를 베푸사 이 도량에 강림하시어(가사를 지어 점안하는) 공덕을 증명하소서.

향화청

한없는 광명 속에 수많은 화신불(化身佛)

우러러보니 모두가 아미타라네.

응신(應身)은 저마다 황금의 자태를 드러내

보배 육계가 모두 푸른 나선형의 옥 소리 같기에

내 일심으로 목숨 바쳐 귀의하고 머리 숙여 절을 합니다.

도솔천 내원궁 자시미륵불 등 모든 부처님께 귀의하며 일심으로 받들어 청하오니, 원컨대 자비를 베푸사 이 도량에 강림하시어(가사를 지어 점안하는) 공덕을 증명하소서.

향화청

도솔천에 높이 계시나 붙잡고 오를 인연을 허락하시고

용화세계에서 멀리 기다리시나 만나기 어려워라.

흰 옥 같은 백호광명을 법계에 가득 채우시고

지금 같은 위엄스런 상호로 티끌세계 교화하시기에

내 일심으로 목숨 바쳐 귀의하고 머리 숙여 절을 합니다.

진허공 변법계 과거 현재 미래 불법승 삼보께 귀의하며 일심으로 받들어 청하오니, 원컨대 자비를 베푸사 이 도량에 강림하시어(가사를 지어 점안하는) 공덕을 증명하소서.

향화청

부처님의 몸 시방세계에 두루하시니
삼세의 여래 모두가 동일하시네.
넓고 큰 원력의 구름은 항상하여 다함이 없고
아득히 넓은 깨달음의 바다는 오묘하여 궁구하기 어렵기에
내 일심으로 목숨 바쳐 귀의하고 머리 숙여 절을 합니다.

상방대범천왕 제석천왕 동방지국천왕 남방증장천왕 서방광목천왕 북방다문천왕 하계 당처 토지 가람 호법선신 일체 영기 등 중 오직 바라옵건대 삼보의 피력 일심으로 받들어 청하오니, 원컨대 자비를 베푸사 이 도량에 강림하시어(가사를 지어 점안하는) 공덕을 증명하소서.

범천왕과 제석과 사천왕은 불법문 중에서 서원(誓願)이 견고하여 사찰을 줄지어 세우고 천만세를 누리며 자연의 신통묘용으로 금선(金仙, 佛)을 보호하기에 내 일심으로 목숨 바쳐 귀의하고 머리 숙여 절을 합니다.

헌좌진언

오묘한 보리좌 훌륭하게 장엄하니
모든 부처 여기 앉아 정각을 이루셨네.
내 이제 자리를 바침도 이와 같아서

나와 남이 동시에 불도를 이루게 하리

옴 바아라 미나야 사바하

다게(차를 올리면서 외는 게송)

이제 감로차를 가지고

증명법사 앞에 바치오니

간절한 정성심을 바치오니

간절한 정성심을 잘 살피사

자비 드리워 애닯게 받아주소서.

진언권공

(불상 등을 봉안하면서 공양을 진설하고 불보살을 청하는 의식)

향과 제수를 차려 놓으니

재 올리는 자 경건하고 정성스럽네.

공양이 빠짐없고 원만하기를 바란다면

가지(加持)의 변화에 의지해야 한다네.

삼보께 우러러 받자오니

특별히 가지를 내려주소서

나무시방불 나무시방법 나무시방승

무량위덕 자재광명승묘력 변식진언

나막 살바다파 아다 바로기제 옴 삼바라 삼바라 훔

시감로수진언

나무소로바야 다타아다야 다냐타 옴 소로소로 바라 소로 사바하

일자수륜관진언

옴 밤 밤 밤밤

유해진언

나무사만다 못다남 옴 밤

운심공양진언

원컨대 이 향공양이 법계에 두루하고

한없는 삼보의 바다에 빠짐없이 바쳐져

자비로 공양을 받아 선근(善根)을 자라게 하여

불법이 세간에 머물게 하여 부처의 은혜에 보답하리.

나막 살바다타 아제비야미 살바 모계비약 살바다캄 오나아제 바라 혜맘 · 옴 아아나캄 사바하(세 번)

예참

(상단에 예불을 한다)

보공양진언

옴 아아나 삼바바 바아라 훔

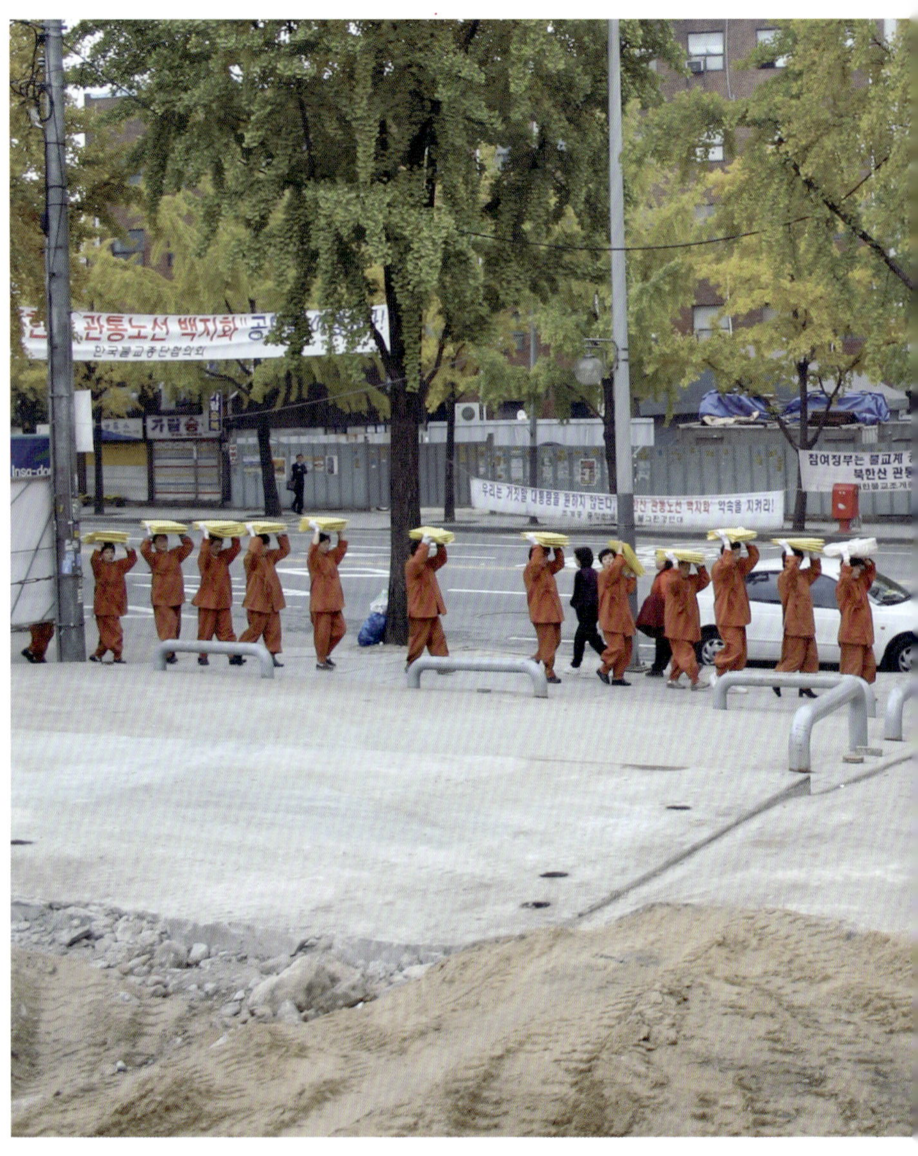
관통노선 백지화
한국불교종단협의회
가람승
Insa-don
참여정부는 불교계
북한산 관통
우리는 거짓말 대통령을 원하지 않는다
북한산 관통노선 백지화 약속을 지켜라!

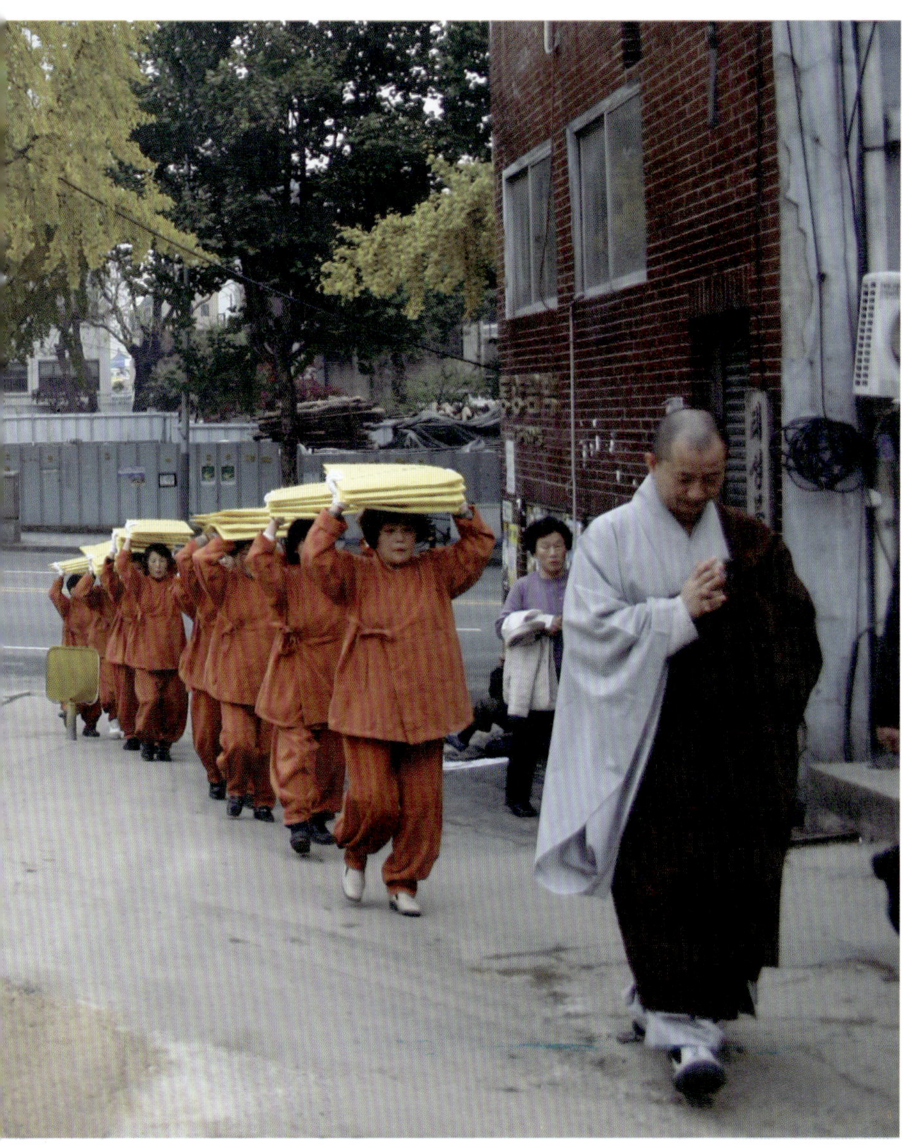

가사 이운　이운(移運)이란 불상이나 불경 등을 옮겨 모시는 의식이다. 팔부금강이 도량을 호위하고 허공신이 천왕의 부름 받고 속히 달려가고 삼계의 모든 천신이 다 와서 모이니 이제 불국토에 길상이 더하여진다.

정식진언

옴 다가바라 훔

보회향진언

옴 삼마라 삼마라 미마나 사라마하 자가라 바 훔

가사정대게

(가사를 머리에 이고 읊는 게송)

부처님께서 대비의 청정하신 손으로

모든 중생을 거두고 항상 기억하시어

온갖 횡액과 어려움으로부터

근심 없고 편안한 즐거움을 얻게 하시네.

재 올리는 이의 보체는 복과 원을 얻어서

가사를 만들어 이제 머리에 이었으니

현실에서 복과 수명 늘어나고 재해가 없어지며

벼와 곡식 풍성히 익어 (가세가) 나날이 점점 일어나며

이 한생에 재해가 다시는 침범치 못하게 하고

후생에서는 최상의 보리과를 얻게 하여지며

일문의 권속들이 모든 어려움을 떠나서

동시에 이익을 얻어 청정케 하여지이다.

수가사

대덕은 일심으로 나의 제자 아무개를 생각해 주소서.

몇 장, 몇 단, 몇 조, 몇 품 되는 한 벌의 이 승가리를 지어 입습니다.

옴 마하가바바다 숟제 사바하

정대진언

(머리에 이고서 외는 진언)

훌륭한 해탈의 옷

위없는 복전의 옷을

내 이제 머리에 이고 받으니

세세생생 언제나 얻어 입게 하소서.

옴 마하가바바다 숟제 사바하

가사 이운

(移運이란 불상 등을 옮겨 모시는 의식)

팔부금강이 도량을 호위하고

허공신이 천왕의 부름 받고 속히 달려가네.

삼계의 모든 천신이 다 와서 모이니

이제 불국토에 길상이 더하네.

가사송

부처와 조사께서 오직 이 옷을 전해 주시어

법손들이 천세토록 믿고 귀의한다네.

가닥가닥 솔기들이 분명도 한데

천상과 인간에서 이 옷을 감당할 자 드물어라.(세 번)

나무영산회상불보살(세 번)

(※가사를 이고 돈다)

헌불게

여래의 훌륭한 옷

모든 부처님 앞에 바치오니

인간세상에 복전을 나타내시어

자비를 내리사 슬피 받아주소서.

헌좌진언

오묘한 보리좌 훌륭하게 장엄하니

모든 부처 여기 앉아 정각을 이루셨네.

내 이제 자리를 바침도 이와 같아서

나와 남이 동시에 불도를 이루게 하리

옴 바아라 미나야 사바하

다게

(차를 올리면서 외는 게송)

이제 감로차를 가지고

증명법사 앞에 바치오니

간절한 정성심을 잘 살피사.

자비 드리워 애닯게 받아주소서.

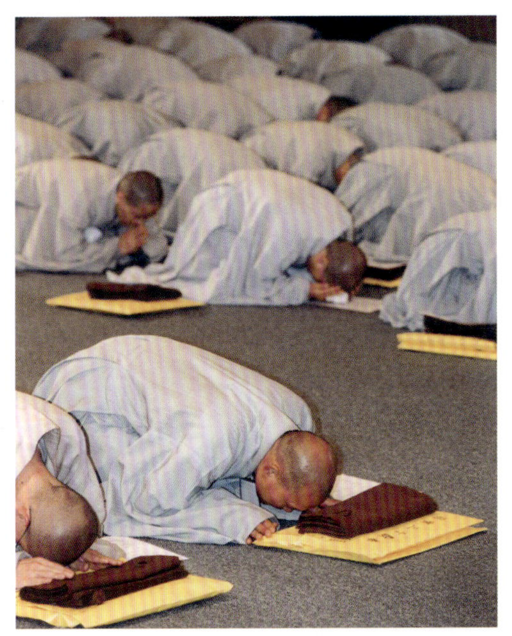

불법의 상징, 가사를 받아 입는 스님들   가사
점안 의식을 하는 이유는 시주의 공덕을 기리고
신심과 불교의 인연으로 진리를 향한 마음을 내
어 깨달음을 얻게 하는 것이다. 가사를 입은 스님
은 붓다와 중생을 연결시키는 매개자의 역할을
다하게 된다.

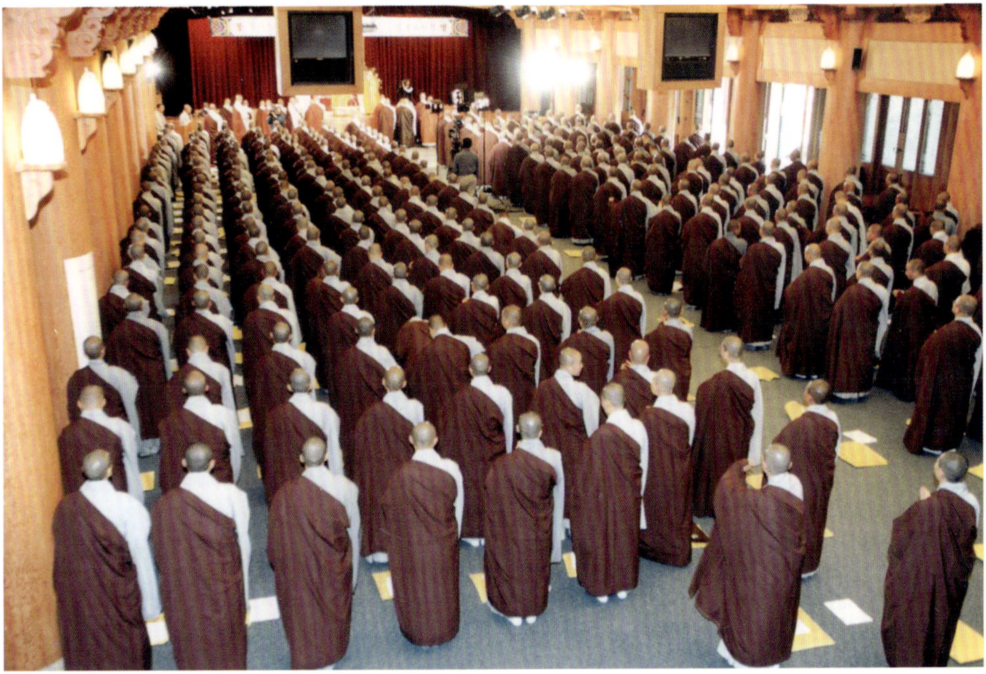

가사 점안 의식은 위와 같이 구성되어 있는데 그 중에서 정대게는 원래 스님이 의식에서 하는 것이었으나 현행 의식에서는 일상적으로 가사를 입을 때 정대를 한다는 이유에서 제외하기도 한다. 가사 점안 의식을 하는 이유는 불법의 상징인 가사를 입은 스님과 붓다와 중생을 연결시키는 매개로 이해시켜 중생을 제도하려는 데 그 목적이 있다. 또한 시주의 공덕을 기리고 신심과 불교의 인연으로 진리를 향한 마음을 내어 깨달음을 얻게 하는 것이다.

가사 점안 의식을 한국에서 언제부터 하였는지는 더 연구해 봐야겠으나 현재 한국의 가사 점안 의식은 1938년 안진호(安震湖) 스님이 종합하여 편집한 불교 의식집인 『석문의범(釋門儀範)』의 내용을 따른다. 또한 그 안에 있는 형식으로 지금 북한 불교에까지 통일적으로 사용되고 있다.

맺음말

불교가 북쪽의 아시아로 대승불교가 전파되면서 사상의 전개와 각국의 전통 사상을 습합하는 과정에서 가사도 가사의 용도가 실용복에서 장엄복으로 이행(移行)하였다. 과거의 가사에서는 유품이 적어 종파별 뚜렷한 특징을 알 수는 없으나 현재 가사에서는 그 차이점을 파악할 수 있었다.

한국 가사의 특징을 살펴보면 다음과 같다. 첫째, 중국에서 불교를 받아들인 한국은 불법을 상징하는 방편으로까지 가사의 지위를 승격시킨 일면을 볼 수 있는데, 이것이 가사 점안 의식이다. 한국에서 현재 가사 불사를 한 다음 회향 때 하는 의식인 가사 점안 의식은 언제부터 행해졌는지는 알 수 없다.

둘째, 가사의 종류로는 엽을 다른 색 천으로 덧댄 부착물이 있는 가사, 단일색 가사, 수가사, 직조할 때 문양을 넣는 유문(有紋)가사가 있다. 현재 조계종은 단일색 가사이나 전통 가사를 계승한 태고종은 유문가사와 수를 놓은 부착물이 있는 수가사이고 천태종은 유문가사, 수를 놓은 부착물이 있는 가사, 수가사가 있다. 진각종은 최근에 디자인된 형태의 가사로 목에 거는 낙자에 수를 놓은 수가사만 있을 뿐이다.

셋째, 한국의 기후가 남방에 비해 낮아서 안에 고유의 복식을 입고 가사를 입었기 때문에 착장구가 필요하였다. 가사를 입었을 때의 모습은 오른쪽 어깨를 드러내었다. 그래서 착장구는 가사가 벗겨질 우려가 있어서 필요하게 된 것이다. 착장구는 중국의 송나라 때 화려해진 착장구가 한국의 가사에도 나타나는데 끈, 걸개와 고리, 매듭과 고리 등 다양하다. 특히 조계종의 연봉매듭의 착장구는 조계종에서 근래에 새롭게 개발한 착장구이다.

넷째, 가사의 소재는 새로 창작된 가사를 착용하는 현재 조계종은 면, 면과 폴리에스테르, 모와 폴리에스테르의 혼방을 사용하고, 유품과 전통 가사를 계승한 태고종과 천태종은 견을 사용하고 진각종은 모와 폴리에스테르의 혼방을 주로 이용하고 있다.

다섯째, 색은 유품으로는 주로 홍색과 황색이다. 현재 한국의 가사는 종파마다 색이 다른데, 선종인 조계종의 가사는 고동색이고, 태고종은 주홍색이다. 교종 계통인 천태종은 빨간색, 갈색, 보라색이며, 진각종은 진밤색과 황금, 그리고 적색(적흑색)을 사용하고 있으며 색으로도 법계를 나타낸다.

여섯째, 가사의 구조는 북방불교 국가에서 선종 계통의 가사에서는 승가리로 9조 이상의 가사를 사용하는데 우리나라의 가사는 유품과 현재의 가사에서 모두 9조 이상의 가사가 주로 나타난다. 단지 현재의 진각종 가사만 조가 없는 낙자를 사용한다. 이것은 통일신라 이후 통불교로 우리나라에서는 뚜렷하게 종파를 형성하지 않은 것에 기인된다. 그리고 한국은 주폭을 중심으로 조가 좌우대칭으로 되어 있고, 안팎의 구별이 있고, 겹가사와 홑가사가 있다.

일곱째, 봉제 방법을 보면 조계종과 진각종은 재봉틀로 봉제를 하며 통문은 없다. 그런데 조계종은 엽이 반이 들려 있으며 대만의 선종계통의 가사와 같은 형태이다. 전통 가사를 계승한 태고종과 천태종은 겉에서 세 땀 상침이 보이는 손바느질로 되어 있으며 통문이 있다.

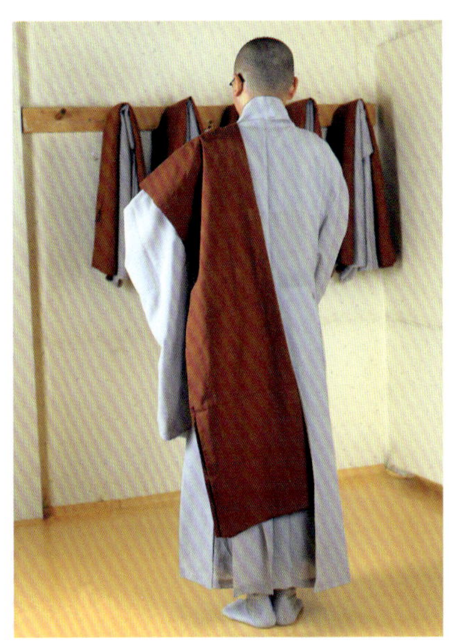

가사도 의복이어서 불교 전래의 오랜 세월 사이에 그 나라 고유의 문화와 융합해서 독자적으로 만들어지고 있다.

여덟째, 치수의 경우 융통성을 보여 자신의 체형에 맞게 가사를 제작하여 착용한다.

아홉째, 문양의 경우 조계종 가사는 율에 근거하여 문양이 없으나, 유품과 전통 가사를 계승한 태고종을 보면 천, 왕, 옴, 남, 삼족오, 토끼가 있는데 이것은 한국 가사에서만 볼 수 있는 문양이다. 천태종은 전통의 문양에 용, 세 개의 청색선, 금강저 등을 수놓아 가사를 더 화려하게 만들었다. 진각종은 법륜, 옴, 훔 등을 수놓는다.

열 번째, 과거에는 법계를 조 수, 문양, 색, 소재 등으로 표시하였다. 현재는 조계종은 조 수, 태고종은 조 수와 문양, 천태종은 조 수와 문양 그리고 색과 소재를 가지고 구별하고 있다. 진각종은 색과 소재, 문양 등으로 차등을 둔다.

종교가 전파되는 경우에는 종교복과 불구, 불전과 불교를 전한 나라의 법의가 있다. 그런데 가사는 불교 전래의 오랜 세월 사이에 그 나라 고유의 문화와 융합해서 독자적으로 만들어지고 있다. 현재 한국의 가사는 부처님 당시의 가사와 비슷하다고 추정되는 근본불교 국가의 가사와 비교하면 직사각형의 형태와 조와 장과 단이 있다는 것은 전승되었다고 생각되나, 특히 매듭으로 된 착장구, 통문, 삼족오와 토끼의 문양 등에 있어서는 대만과 일본 가사에서도 찾아볼 수 없는 한국화한 가사의 모습을 보여 준다.

참고 문헌

『關中創立戒壇圖經』, 大正新修大藏經藏 45, 東京: 大正一切經刊行會, 1927.

『南傳大藏經』권 제3, 東京: 大藏出版株式會社, 1938.

『佛說長阿含經』권 제6, 大正新修大藏經藏 1, 東京: 大正一切經刊行會, 1926.

『中阿含經』권 제8권, 大正新修大藏經藏 1, 東京: 大正一切經刊行會, 1926.

『雜阿含經』권 12, 大正新修大藏經藏 2, 東京: 大正一切經刊行會, 1924.

『舍利佛問經』, 大正新修大藏經藏 24, 東京: 大正一切經刊行會, 1926.

『四分律』권 제39, 大正新修大藏經藏 22, 東京: 大正一切經刊行會, 1926.

『四分律』권 제40, 大正新修大藏經藏 22, 東京: 大正一切經刊行會, 1926.

『四分律』권 제16, 大正新修大藏經藏 22, 東京: 大正一切經刊行會, 1926.

『摩訶僧祇律』권 제8, 大正新修大藏經藏 22, 東京: 大正一切經刊行會, 1926

『四分律』권 제41, 大正新修大藏經藏 22, 東京: 大正一切經刊行會, 1926.

『十誦律』, 大正新修大藏經藏 22, 東京: 大正一切經刊行會, 1926.

『五分律』, 大正新修大藏經藏 22, 東京: 大正一切經刊行會, 1926.

『十住毘婆沙論』권 제16, 大正新修大藏經藏 26, 東京: 大正一切經刊行會, 926.

『根本薩婆多部律攝』권 제5, 大正新修大藏經藏 24, 東京: 大正一切經刊行會, 1926.

『薩婆多毘尼婆沙』권 제8, 大正新修大藏經藏 23, 東京: 大正一切經刊行會, 1925.

『大乘義章』권 제15, 大正新修大藏經藏 44, 東京: 大正一切經刊行會, 1927.

『釋氏要覽』, 大正新修大藏經藏 54, 東京: 大正一切經刊行會, 1928.

佛瑩 編, 『四分比丘尼戒本註解』, 大藏經補編 8, 台北: 華字出版社, 1974.

金東湖, 『佛心과 修行功德』, 서울: 京仁文化史, 1972.

김영주, 『대둔사(大芚寺)―대흥사(大興寺)』, 서울: 우진코니티, 1997.

金煐泰, 『韓國佛敎史』, 서울: 經書院, 2000.

金煐泰, 『韓國佛敎史槪說』, 서울: 經書院, 1986.

『대한불교조계종』, 조계종 포교원, 2002.

『습의교본』, 대한불교조계종 교육원, 2001.

동국대학교, 『불교문화사』, 서울: 동국대출판부, 1998.

마스다니 후미오 지음/ 박경준, 『근본불교와 대승불교』, 서울: 대원정사, 1988.

默潭大宗師文集刊行會, 默潭大宗師文集, 民族社, 1999.

문상련(正覺), 『佛敎 諸儀禮의 設行 節次와 方法』, 고양: 정각사, 1998.

『佛敎法要集』, 서울: 弘法院, 1982.

『佛敎大辭典』, 서울: 弘法院, 1998.

성보문화재연구원, 『載藥山 表忠寺』, 밀양: 표충사, 1997.

禹貞相 · 金 煐泰, 『韓國佛敎社』, 서울: 一支社, 1976.

이은윤 外, 『한국 불교의 현황』, 서울: 불교사상 출판부, 1986.

李智冠, 『在來韓國佛敎所依經典硏究』, 서울: 寶蓮閣, 1973.

任榮子, 『한국 종교복식』, 서울: 亞細亞文化史, 1990.

林永周, 『傳統紋樣資料集』, 서울: 미진사, 1991.

朝鮮總督府, 『朝鮮古蹟圖譜』, 서울: 京仁文化社, 1980.

智相 鄭南植, 『袈裟』, 傳統袈裟硏究院, 2001.

진각종해인행, 『불교진각종 수계관정불사 계본』, 서울: 진각종, 1980.

최정숙, 『선암사, 순천: 풍경소리』, 1994.

坪井俊映/李太元, 『淨土三部經 槪說』, 서울: 운주사, 1992.

한정섭, 『불교의식의 바른이해』, 서울: 삼원사, 1995.

黃壽永, 『韓國의 佛敎美術』, 現代佛敎新書 13, 서울: 東國大學敎附設譯經院, 1978.

黃洉根, 『高麗銅鏡을 통해본 韓國文樣史』, 서울: 悅話堂, 1983.

安震湖, 『釋門儀範』, 법련사, 1973.

홍윤식, 『만다라』, 서울 : 대원사, 2000.

久馬慧忠, 『袈裟のはなし 佛のここれとかたち』, 東京: 法藏館, 1989.

久馬慧忠, 『袈裟の 研究』, 東京: 大法輪閣, 1967.

南方上座部, 『ウウエ-プシラ』, 佛敎儀式集, 中山書房佛書林, 1986.

保刈禎子, 『やさしい「御袈裟」の話』, 東京: 近代文藝社, 1994.

谷田門次, 石山彰, 『服飾美 服飾意匠』, 東京: 光生館, 1970.

井筒雅風, 『法衣史』, 東京: 雄山閣, 1982.

井筒雅風, 『袈裟史』 東京: 雄山閣, 1982.

I.B.HORNER, M.A, 『The Book of The discipline』, London: The Pali Text Society
        Oxford, 1993.

김경숙, 「아시아地城 現行 袈裟 樣態 研究」, 東國大學校 大學院 博士學位論文, 2000.

金薔香, 「袈裟에 關한 研究」, 啓明大學校 大學院 博士學位論文, 1997.

金台姬, 「韓國僧服의 歷史的 研究」, 淑明女子大學敎 敎育大學院 碩士學位論文,
        1988.

金一陀, 「儀式·衣制·僧規制度의 改善」, 서울: 法輪, 1971.

文明大, 「新羅四天王像의 研究」, 『佛敎美術』 5, 서울: 東國大學校 博物館, 1980.

愼蘭淑, 「우리나라 袈裟에 對한 研究」, 梨花女子大學敎 大學院 碩士學位論文, 1979.

朴虎南,「佛敎律藏의 成立과 大乘律의 發達 硏究」, 韓國精神文化 硏究員 韓國學大學院, 博士學位論文, 1992.

安明淑,「袈裟의 衍義에 관한 硏究」, 東國大 大學院 博士學位 論文, 1990.

劉英子,「僧服」,『韓國의 服飾』, 韓國文化財保護協會, 1982, pp.323.

李順德,「韓國袈裟에 대한 硏究」, 嶺南大學敎 大學院, 博士學位論文, 1996.

전해주,「韓國佛敎 儀式文에 보이는 華嚴信仰과 思想―大雄殿 禮敬文을 중심으로―」,『宗敎硏究』, 서울: 韓國宗敎學會, 1998.

崔完秀,「二重着衣法考」,『考古美術』vol. 154 · 155, 서울: 한국미술사학회, vol. 155, 1982.

한미혜,「韓國僧侶袈裟에 관한 考察」, 세종대학교 대학원 석사학위논문, 1989.

那須政陵,「法衣について」, 智山學報 第九輯, 東京: 智山學會, 1961.

永久岳水,「袈裟の硏究」, 宗學硏究 第12號, 東京: 曹洞宗宗學硏究所, 1971.

빛깔있는 책들 103-48

한국의 가사 袈裟

첫판 1쇄　2005년 6월　1일 인쇄
첫판 1쇄　2005년 6월 10일 발행

글　　　　김경숙, 안명숙
사　진　　김성철

발 행 인　장세우
기획 편집　김분하, 장영호
미　　술　김지형, 박은영
총　　무　이훈, 정문철, 도은아
영　　업　강승일, 김민욱

발 행 처　주식회사 대원사
　　　　　우편번호 140-901
　　　　　서울 용산구 후암동 358-17
　　　　　전화번호 (02) 757-6717~9
　　　　　팩시밀리 (02) 775-8043
　　　　　등록번호 제 3-191호

http://www.daewonsa.co.kr

값 8,500원

Daewonsa Publishing Co., Ltd.
Printed in Korea 2005

ISBN　89-369-0256-3　04220